誰說分數不重要？

體制內教育的求生術，幫孩子找到分數背後的自己

彭菊仙——著

目錄

三 讀書，終究是孩子自己要承擔的責任

推薦序

當我們用更寬闊的視野來看分數

國立宜蘭大學博雅教育中心主任、國教希望聯盟召集人　陳復

很高興在新書出版前，就已有機會拜讀親子暢銷作家彭菊仙女士撰寫的《誰說分數不重要？》。這本書充滿著辯證性的思維，從正反兩面角度來討論分數對於孩子學習過程裡的意義。

書中認為「在乎成績」並不能跟「不快樂的童年」劃上等號，「不喜歡讀書」同樣不能跟「不需要努力」劃上等號，她覺得常見「分數至上」或「分數無用」兩種論點都是極端思維，因為我們其實根本無法擺脫考試制度。多數家長對於成績有著傳統的觀念與迷思，與其讓分數破壞親子感情，不如務實面對這個事實，引導孩子看見自己真正的興趣，將精神對準正確的方向，體認分數的真正意義，展開適性的學習旅程。

我常覺得，各種不同階層的系統要拔擢合適的人才進來展開合作，就不可能沒有各種考試制度。然而，不同型態的考試制度會拔擢出不同型態的人才，討論「分數至上」或「分數無用」前，如果能優先討論到底什麼型態的考試制度，更能幫忙我們看見與發掘孩子更多元的潛能，或許對於「分數」這件事情會有跳開二元對立的思維。

現在的大學入學制度已有多元入學方案，繁星推薦、個人申請與特殊選才的管道都已經掙脫傳統只看紙筆測驗的成績，真正較對應於往日大學聯考型態的指考其名額正不斷縮減，我們面對「分數」這件事情，豈能繼續保持相同的保守思維，督促孩子只要熟悉紙筆測驗，就能獲得優異的成績？

我平日教書，期末自然要打成績。然而，儘管我開設「宜蘭歷史踏查」、「成為完整的人」或「王陽明帶你打土匪」這些課程的類型各異，我都會採取多元型態來考核同學的學習成效。諸如到某個歷史景點踏查並製作紀錄片或微電影；或藉由團體實際行動來展開對社會某個角落的關懷；或在磨課師學習平台上探討具體生命議題並繳交研究報告，這些課程的期末成績都會有「分數」，然而因為考核的型態不一樣，就會激發同學不同層面的潛能。這並不是只有在大學能如此，現在全台灣如雨後春筍般設立的實驗教育團體、機構或學校，都更願意採取這類體驗教育的辦法來教學與評量，「分數」對於孩子的意義，自然變得不一樣。

體制內的教育從來都不是一成不變的鐵板。我認識相當數量體制內各級學校的校長，都正在其校內採取各種翻轉教學來調整教育的軸線。因此，家長如果還使用自己過去三十年來受教育的經驗來面對孩子的教育，那不只會耽誤到孩子的人生，更會對教育產生錯誤的印象，誤認只有把孩子送到私立學校去，才能保證自己的孩子繼續獲得如同自己曾經擁有的教育品質。然而，時空背景已經劇烈變化，現在世界各國的主流教育主事者都已經覺醒不能再操作現代主義的工具思維，繼續拿紙筆測驗的單一量化指標來衡量學生的表現是否認真，我們這些關注孩子前景的家長，豈能繼續置身事外，抱著極其簡化的思維來幫孩子診斷未來？

彭女士在書中表示，她相信絕大多數的父母在心底深處都重視成績，或有完全不看重者，但絕對是少數。為什麼總是有人口口聲聲地說「分數不重要」呢？站在新教育理念浪頭上的教育先進們，真的完全不在乎自家孩子的成績表現嗎？

我有兩個女兒正在念國中與國小，當我把這個問題拿來審問自己，我會坦白說我同樣不可能不在意自己孩子的成績表現，但我更在意自己的孩子是否能成為「真正意義的菁英」，這種菁英已經不再是只會考試、但卻不懂得做事的人，而是具有整合已知、開發未知，並能藉由實作來驗證所學的新青年。我個人覺得當前教育改革引發的爭議，已不是「菁英」與「反菁英」的對立，而是對何謂「菁英」的不同路線想像。

我的大女兒從體制內教育念到體制外教育，在非學校型態實驗教育裡經歷過個人自學與團體共學，再回到學校型態實驗教育，從公辦公營到公辦民營的實驗教育都無不樂在其中。她深受不同階段老師的恩澤，從來不會只批評體制內教育的缺點，更沒有放大體制外教育的優點，她只是有機會做自己的主人，在不同階段選擇自己想要經歷的教育。

我不曉得多數家長是否能放得開或想得開，讓自己孩子悠遊於各種不同的教育型態，但我相信家長如果自己沒有辯證性的思維，從不同角度來探討教育的真正意義，並了解孩子才是自己生命的主體，只是常活在自己想像的恐慌中來面對教育，這並不會有益於孩子的身心成長。

這本書不只能讓我們看見彭菊仙女士做為三個男孩的母親，如何面對孩子課業成績與教育制度的問題，更能讓我們看見彭女士對自己學習歷程的全面檢視，尤其當她訴說自己念北一女時刻骨銘心的經驗，到後來選擇就讀政大新聞系的奇幻歷程，直到從海外學成歸國後，終於發現創意為導向的電視節目製作路線才是自己真正的興趣，都能讓我們感同身受體認到，發現自己的潛能真是一趟不簡單的旅程。

彭女士長年深耕親子議題，不論是藉由媒體文章的發佈，或是在演講活動中與家長的交流互動，都流露著豐富的經驗與獨到的見解，我相信這本書將能幫忙家長採取更寬闊的視野來思考孩子學習這件事，因此跟大家熱情推薦這本書。

推薦序

留在體制內的智慧與勇氣——我看菊仙新書有感

親職教養、繪本作家 **張美蘭（小熊媽）**

首先，看完這本書，不得不感佩菊仙總有勇氣說出許多一般人不敢說的話。比如說，我也很羨慕島內移民，但是又沒那個環境；很羨慕唐鳳在家自學有成，但也沒那個時間帶孩子自學。菊仙說得好：

對於離不開「火車」的凡夫俗子，我們是真的得具備另一種「愚勇」以生存下去，這不是指凡事逆來順受，而是一面在觀望現況中推動教改，一面務實的在現實中投入適當的力道與心血來掙得教育資源……

說真的，我也是那個愚勇的母親，放棄了在美國讓孩子接受資優教育的機會，回到台灣恐怖的升學主義體制，很多人都覺得：這是犧牲了孩子、這是沒有為孩子用心的母親。

可是，我的想法與菊仙接近：我總覺得，台灣的基礎教育，某方面是很紮實的。除了國三那年真的很拚之外，我的孩子在台灣念書，也學了很多東西、也有很開心的日子。

有朋友送孩子去歐美念書，卻嫌當地孩子學的數學太簡單，於是每年回台灣陶侃搬磚似地運許多數學理化參考書到國外，要孩子努力學習！這不是互相矛盾嗎？其實我也觀察過美國矽谷華人的孩子，課業壓力未必比台灣小，反而更重！因為他們要與全世界的菁英競爭！據說當地亞裔高中生自殺率也很高，但許多台灣父母還是希望送孩子去那裡，總覺得：外國的月亮比較圓、美國的學位比較好拿！其實，有時候失敗者的黑暗面，是沒有被報導出來的。

菊仙在書中提到：孩子升上國中後，選擇留在體制內的父母會出現兩種極端的典型，一種是把教育視作追分過程的「分數至上論」；另一種則是把「考試」視作折磨孩子的苦刑，是孩子快樂成長的絆腳石，因此抱持「分數無用論」。

在我家長子小熊的同學中，的確看到不少案例。國小還好，國中以後，不是放牛吃青草，就是補習趕場趕到不行！

很幸運的，小熊哥國中會考成績不錯（滿級分），沒想到馬上就有許多焦慮的家長私訊來問我：

「小熊從幾歲開始補習？」

「小熊哥念哪一所私校？」

「小熊哥去哪一所補習班？」

讓我心疼的，是有家長的小孩子根本還沒有上小學！才四、五歲而已，但家長已經對整個教育體制，焦慮如熱鍋上的螞蟻！

在此，我推薦家長都要來看看菊仙的這本書，他的孩子總是有自己的目標、自己的看法，社團成績都一把罩！尤其是她的孩子在體制內，仍能找到自己的方向，不是變成考試的機器人！我相信，有自己想法的孩子，一定有一個很有想法的好母親！

的確，在台灣，誰都不能輕鬆地說：誰說成績不重要？但是，一定要孩子了解菊仙說的一句核心價值：

認真，是一種基本的人生態度！

如何在成績與真實學習中，找到一個平衡點？是每個父母與孩子都要面對的問題，尤其是孩子升上國中以後，這是個最燙手的問題，但未必就一定要喪失學習的樂趣。

我們不想把孩子送去當小留學生、不能島內移民，但不表示不能讓孩子度過開心又有意義的學生時代！而這本書，相信會給現代父母一個明燈與指引。

推薦序

與「考試分數」和平共處的教養學

專欄作家、現任臉書《媽媽悅讀基地研修長》　丘美珍

身為父母，自從孩子出生以後，我們向來是以孩子的快樂為快樂，以孩子的憂傷為憂傷。直到孩子進入小學，開始十二年的國民教育之後，情況開始變得有點複雜。

孩子進小學，第一次段考之後，他會拿到分數，有一份自己的成績單，他進入學校的量化排序系統之中。如此一來，他回到家裡，親子之間就免不了關於「分數」的討論。身為三個孩子母親的我，從此不斷在心裡進行關於分數的自我辯論，我想，其它的父母應該也跟我一樣，無法置身事外。

在臉書上，有一個名為〈小一聯盟〉的社團，在創社之初就聚集了一群孩子剛上小學一年級的家長們，在這裡分享關於學校、老師、作業、考試、才藝的種種情報。這裡的問答都很熱絡，幾年下來，竟然累積了超過十一萬的社員。其中，關於

分數的發文，往往能激發其下數十層樓的對話串，可見家長們對於這個關鍵字有多麼焦慮。

家長們的意見，就像台灣的現況，十分多元。一方面，有人主張孩子只要快樂就好，不用在意成績高低。另一方面，也有家長會把孩子錯題的考卷po上來，求證是否該向老師討回失分。

我想菊仙一定感受到家長的焦慮。這本新作《誰說分數不重要？：體制內教育的求生術，幫孩子找到分數背後的自己》，她就以多元的角度探討「分數與教養」這個複雜的命題。

孩子在學校考試的分數重要嗎？

有的父母親認為，高分是通往低風險、高成就的人生捷徑，所以，一直以來，高分、名校、人生勝利組是一種安全思維。即使到了今天，家裡若有孩子可以進入台大、哈佛，仍然會是一件讓家人開心的事。這些家長覺得，如果孩子有能力在小學、國中回家遞上考了一百分的考卷，這代表未來他們有機會在競爭中脫穎而出，如此一來，就能贏得進入贏者圈的門票。

但是，也有另一群父母認為，公立學校的填鴨教育不可取，孩子的天賦在其中只會受到壓抑，所以，在這樣一個不正確的教育環境中建立的評量系統，應該被批判、捨棄，甚至，在每次段考前，爸媽就會再次耳提面命，跟孩子說一次：「分數不重要！」

還有一些父母，選擇「教育出走」，將孩子送入國內的實驗教育學校，或送到國外，以便爭取他們心中理想的教育資源。出走必有好理由，所以，當這些家長為文侃侃而談自己的出走經驗時，不免又讓在地留守的父母親心中掀起一陣波瀾，深恐自己的「沒有出走」耽誤了孩子的前程。

菊仙是三個孩子的母親，因為家庭的種種考量，她就像大部分的台灣父母，必須讓孩子進入學區內的公立小學、國中就讀。因此，她聽到每天發生在教育現場，最多元、最真實的聲音，也能體會大家心裡的惶恐和焦慮。

既然決定留在公立學區，而這些學校最令人詬病的是「分數主義」，那麼，菊仙就決定來談談分數這件事吧。

我很喜歡菊仙提出來的以下見解：

一、你的孩子可能是天才，也可能是「地才」。

天才常常需要衝撞現有的教育體制，才能進入舒適帶。但是，現在學校的氛圍，漸漸趨於人性，不若以前森嚴，再加上有些第一線的老師勇於嘗試創新的教學方式（如學思達），對大部分的孩子來說，也許現有的學校教育，還不到完全無法忍耐的地步，他們所需要的不是逃離，而是有策略地調整和適應。

在這樣的思維之下，菊仙帶著小學、國中、高中的三個孩子，試圖在學校教育與家庭教育之間求取平衡。親子雙方一起學習如何在公立學校裡面對分數的競爭，又如何在回家的時光中，規劃不被壓抑的自主學習時段。在這樣有心的努力之下，如果孩子能適應學校的生態，又能保有自我的特質和天賦，這無疑是親子雙贏的結果。

菊仙謙稱自己的孩子不是天才，而是「地才」（也就是好好培養就可以變成人才）。所以，這種教育思維，我們就姑且稱為「地才教養學」吧！這不是華麗的教養字彙，卻是驚人的務實，而且可行。

二、分數高、名列前茅，不代表一定熱愛學習。

許多成績好的孩子，往往讓人覺得他一定熱愛學習，其實不一定。國中強調的是通識教育，所以，學校要求每科都要好，才能名列前茅。但是，一個人真的能對所有的學科領域都有興趣嗎？未必。所以，成績好的孩子，通常都將學習視為是自己現階段的責任，而不一定是對這些學科全面富有興趣。

這些認真的孩子，因為責任、因為壓力而學習，也的確達到學校設定的標準。但是，如果爸爸媽媽們發現，他們在閒暇時間，絕對不碰這些領域的課外書，也就可以因此了解，他們還沒有陷入因為好奇心而啟動的學習狂熱之中，而這就是爸媽下一階段的識才功課了。

三、不愛讀書，不代表不需要努力。

對於不愛念書的孩子，現在社會的氛圍比起以前，相對來說，是寬容的。但是，就我自己工作多年的觀察，不愛念書的孩子，如果要走出一條屬於自己的路，又缺乏學歷的光環加持，他們通常要比一般人更努力，來證明自己的實力，所以，無論是誰的人生，都不輕鬆。

也就是說，只要是在各行各業傑出的人，不論在學校分數高低，他們在人生中都一樣努力，沒有捷徑。知名演員、導演周星馳曾經回溯自己的歷程說：「我要非常非常努力，才會有一點點的成功。」所以，對父母來說，可以接受孩子不愛念書，但是，一旦孩子找到自己喜歡的領域，也要提醒他們努力的重要。

菊仙在這本書中，將現今學校中的分數主義做了詳細的檢驗，並且對親子雙方提出「與分數和平共處」的解方，我相信讀者跟我一樣，必定能夠從中獲得許多啟發和提醒。在第一線的教養現場，一路走來，我衷心感謝菊仙總能以文字相伴，為我們帶來知識療癒的力量。

作者序

從殘酷的分數談起，但光談分數顯然不夠！

隨著孩子日漸長大，我覺得親子書寫得差不多了，常常捫心自問，我是否依然真誠書寫？我還要繼續寫親子議題嗎？

看著孩子在體制內一路求學，從自由探索快樂天真的小學，進入課業繁重、競爭壓力激烈的體制中學，我真心覺得還欠了讀者一個主題，我需要給讀者們交待，於是繼續在親職書上做我認為必要的耕耘。

到底是什麼主題呢？

國中會考才考完，孩子便回來轉述，班上有一位非常用功但卻沒有補習的孩子突然在午休時痛哭流涕，因為她才對了一、兩科的答案，就發現情勢不太妙。小學畢業時曾拿到校長獎、對自己的課業一直抱著一定期許的她，難掩心中的不平，悔恨地歎道：「難道我不補習錯了嗎？」

她的嘆息也曾經是我和孩子們的疑惑，一路陪著三個小子在體制內摸索，我的回答是：「不補習當然沒有錯，但是在體制內求學，若能清楚自己的弱項與需要，務實的尋求資源、善用資源，讓自己生存得更好、留下更少的遺憾，或許更接近正確！」

因為：

口口聲聲強調的「免試」根本不存在！無論在體制內或體制外，幾乎每一個國中生都要面對「會考」；而且在多數區域，「會考成績」就是升學評比的關鍵；而升大學的「考試制度」也從未消失過，沒人能躲過學測、統測的無情評判。

更因為：

考壞了，孩子自己絕對不會沒有感覺，因為最終得靠著分數來填寫志願的孩子會發現，「分數不重要」是一句美麗的謊言。

難道，寫了這麼多本親子書的我要來個大轉彎，鼓吹大家走回「為分數學習」的復辟老路？

當然不！

在大考迫近的那幾段日子，我日日看著兒子伏在案前苦讀，一日甚於一日，隨著時鐘上的指針不斷挪移，做媽媽的我愈加心疼與不捨。有一日，指針竟來到了午夜十二點四十分，我終於忍無可忍，從心疼轉成了生氣，立即上前強制關燈，沒想到兒子怒吼：「我就是還沒複習完啊，不然妳要來幫我唸嗎？」

頓時，空氣凝結，時空錯置，我似乎回到了三十多年前，一樣悄然的夜晚、斗室裡一樣滿滿的焦慮、一樣堆砌如山的參考書與筆記，我，把來硬關檯燈的媽媽的手用力推開！

沒錯，從過去「拒絕聯考的小子」到現在崎嶇難行的「教改之路」，即便大家前仆後繼地罵了幾十年、考試的名稱換了又換、成績的計算稀奇古怪，升學主義仍陷在借屍還魂的輪迴裡。

你要問我，難道未來真沒有翻轉的可能？我只能說，只要考試制度存在，無論怎麼設計，種種為分數競備的現象就不可能消失。未來，誰能保證孩子的孩子不再會是伏在案前的苦主？

在體制內求學，既沒有資源遠走高飛，也沒有條件做其他選擇，一張開眼睛，孩子們可得面對撲面而來的大考小考，升學壓力既然是不變的存在，那麼不斷地在「怨念迴圈」裡謾罵，最終也只會化為三聲無奈，然後呢？

於是我告訴孩子們，媽媽不想陪著你們爽罵制度，因為沒有意義，媽媽要做的是比你們先勇敢起來，陪著你們務實面對體制內的種種殘酷磨練與考驗；在升學的重壓之下，另一種極端的聲音——「分數不能決定一切」、「讀書不能保證成功」等，不斷勾起我們對於「成功」的另一種想像，但是我希望孩子們能反思更實際的問題：「分數可以決定什麼？」、「不讀書又該如何保證成功？」

前幾天因朋友推薦而到一家烤肉飯光顧，在三十五度的高溫下，兩個帥氣有型的年輕人揮汗如雨，不斷在炭烤箱上夾肉、塗醬、翻肉，一下子盛飯裝菜，一下子收錢送餐，手忙腳亂，如豆大汗珠不斷滑落。我於是好奇地詢問兩位年輕老闆是不是主修餐飲，他們回答不是，只是因為年少不愛讀書，到處打工，所以學會了這套烤肉飯技術，但因為打零工賺不了錢，就試著自己開店。年輕帥哥自我調侃：「就是以前不愛讀書嘛，所以現在這麼辛苦，我們也只能更加倍的努力囉！」

是的，天下沒有白吃的午餐，想要殺出自己的一條生路，就如同年輕老闆的現身說法：可以不讀書，但是不能不學習、不能不努力，而且得更加倍的學習與努力！因此，我不打算鼓勵孩子不想讀書就不要讀書，而是認清自己學生的本務，盡自己的所能，認真學習，務實的面對考驗，在自己的能力範圍內裝備好自己。

而我家小子和大部分的孩子一般，都屬「一分耕耘，才有一分收穫，甚至有時根本沒有收穫」的「地才型」，但一路走來，我終於清楚，再優秀的孩子都有極限，孩子不可能科科得心應手、次次考試順心如意，因此，和孩子一起學會正確看待分數的意義，和分數和平相處，我認為是在體制內適切生存的第一步。

要孩子把試考好沒什麼不對，但逼著孩子一路衝高分很可能變成爸媽唯一會做的事情，然而，要讓孩子能保持恆常的自信、從容面對競爭，更得不斷幫助他們摸索自己、了解自己、看到分數背後真正的自己，懂得善用自己，因為，「拚高分、進名校」不是學習的終點，而是要能成為一個被善用且好用的人！因此，我告訴孩子，考得好毋須自大，考不好更毋須自卑，真正的本事，不是以自己的學校為榮，而是學校未來能以你為榮！

走筆至此，相信讀者已經理解這本書絕非要鼓吹大家走回封建老路，而是在「考試的老路始終沒有真正出路」的現實中，

我想為辛苦陪伴孩子的父母們加油打氣，

我想為經常因孩子成績而焦慮的爸媽們減壓，

我想為父母找到激勵孩子用功讀書的具體方法，

我想為書讀不好、試考不好的孩子及其父母在體制內找到安身立命之道，

我更想和爸媽們一起以正確的心態，務實面對體制內的種種扭曲現象：

孩子考試考壞了怎麼辦？要不要補習？該補多少習？該不該讀私校？要不要陪孩子讀書？要陪到幾歲？孩子該怎麼面對考試？該考幾分？該不該發獎金？該不該公開成績單？該如何激勵孩子發憤用功……

在一片翻轉教育、改革教育的聲浪中，這些問題似乎八股又不討喜，愈討論愈覺得教改黯淡無光，但是有孩子在體制內求學的父母都非常清楚，以上都是他們最迫切想釐清的首要難題，在我陸續陪伴孩子走過升學之路後，我更確定這些主題非寫不可，不寫，就虧欠了一路支持的讀者。

此外，在面對史上變動最劇烈的教改——108課綱，光談分數顯然不夠！這本書雖從分數談起，但若最後沒把爸媽們的視野帶到分數之外，我仍然虧欠讀者朋友們！

讓我們拿出勇氣，先從殘酷的分數現實談起吧！

1

成績到底多重要？

不必「只在乎成績」，但「分數不可能不重要」！

成績考核，目前仍是評選人才的最大公約數。
不論父母或孩子，不論在體制內或體制外，
最終，成績都成為是否能順利進入下一個階段的考核依據。
這代表著，成績，就明明白白是全世界目前公認為「競爭力」的重要指標之一。

咱家小子之一的班上有個超級學霸，不論國英文數史地自然，甚至音樂美術體育，橫著考、豎著考，樣樣「吉霸昏」。動靜皆宜、文武雙全，萬中選一，不只是人中之龍，堪稱「龍中之龍」。

在孩子單純的勝負優劣觀念中，他神人級的課業表現象徵著各方面必定零缺點，他的每一句話都不容懷疑，每一個舉動也無可挑剔，他是永遠的政治正確者，所有同學羨慕他、崇拜他、服膺他，眾星拱月捧著他，他的爸媽當然也走路有風。

同學都很好奇他是怎麼辦到的。「我每天都非常用功，極度用功。我要求自己考到一百分，做到最好！」這個孩子回答。

家長們也紛紛向他的媽媽求教。

「我當然要求孩子一定要很努力，充分發揮自己的實力。告訴各位，說『分數不重要』的人，絕對是騙人的。天底下沒有父母不重視分數！」學霸媽媽非常坦率。

當下，我的腦袋「叮咚」一聲，馬上捫心自問：「那我自己重不重視孩子的成績呢？」

是，沒錯，即使始終堅守著「給孩子自由探索的時間與空間」、堅信「自由、愉悅而完整的『自我學習歷程』，才是奠定『終身學習』的真正基石。」，但是我必須坦承：我確實一樣重視孩子的學業成績。

「我才不在意孩子的成績！」真的嗎？

我陸續問了十個好朋友，沒有半個人能瀟灑地說：「對！我完全不在乎孩子的成績！」

「孩子考壞了，我當下會很沮喪，之後會冷靜下來，找出問題所在！」

「孩子考得好，真的會覺得比較不擔心他們的未來啊！」
「會要求孩子要有一定的學業表現，有獎賞也有懲罰！」
「雖不是極度重視，但也有重視個七八成吧！」
………

隨口做個田野小調查，已足以讓我相信絕大多數的父母在心底深處都重視成績；或許有完全不看重者，但絕對是少數。

那為什麼總是有人口口聲聲地說「分數不重要」呢？站在新教育理念浪頭上的教育先進們，也真的完全不在乎自家孩子的成績表現嗎？

為什麼網路社群上每當有媽咪訴苦說自家孩子考差時，總有父母會跳出來獻上諸如此類的安慰劑呢？

「成績不重要啦，品格才重要！」
「成績不重要啦，孩子快樂才重要！」
「成績好，將來也不見得能賺錢啊！」
「書讀不好，但有成就的人還不是大有人在！」
「這世上能成功的人未必都會唸書啊！」

「唸到博士還不是有人去賣雞排，免驚！」

……

既然大多數的父母都重視孩子的成績，我相信這些話語充其量只是「瞬間的鎮定劑」，作用在於短暫止痛、抑制住父母當下的混亂焦躁，但往往第二天太陽一升起，父母的內心必再度翻攪難安。

這些看似立論正確的麻醉劑非常好用，會讓人有藥到病除的錯覺，但喧騰一時之後，父母沒有例外地，又會跌坐愁城。

於是：**孩子考壞↓父母焦慮討拍↓短暫止痛，成了無止盡的循環。**

被分數評比的現實與痛苦

為什麼這一句句看似邏輯無誤的話語無法根治父母的焦慮？難道只因為孩子考差，父母自己覺得丟臉難看嗎？

成績到底重不重要？看看孩子在進入每一個階段所需要面對的考核標準，就會知道，大家都不可能真的擺脫分數的綑綁。

很不幸的，不論孩子走到哪一個階段、進入哪一個領域，而且不論在東方或西方，評選人才的最基本與最通用標準，就是走不出「成績」的俗套。

想搶入聲望好的私校，需要筆試；

十二年國教雖強調「免試入學」，但諷刺的是，「會考成績」卻是評比的要項；

每個高中生，沒有例外地，畢業半年前就得面臨所有科目的「基本學力測驗」，並做為申請大學的最大依據；

想選擇技職路線，打算繼續升學的都得面臨「統測」的篩選；

即使想逃避國內體制的枷鎖，申請國外大學也必須亮出國內在校成績的GPA，要提供中英文成績單，有些學校甚至要你亮出在校排名或指定科目的PR；

美國的大學幾乎都不招收核心科目拿到D的學生。

有評比，就會有高下，有高下，就會有暫時的勝出與輸家，有輸家就一定會產生負面的情緒：傷心、焦慮、擔憂、害怕。

這些情緒需要撫平，但不代表從此就能認為成績不再重要，更不代表忽略了成績，焦慮就從此消失。

相反的，正因為它是所有父母孩子在求學階段焦慮感的最大來源，而且難以根除，我們更有必要直指自己的內心，更有必要務實的面對它，找出看待它的最好角度與最適距離，摸索出在體制內最適切的生存法則。

不必矯枉過正，也無須自欺欺人

從我一開始所提及「人人眼中無不是」的學霸，到父母聲聲「無法不在乎成績」的呼求，再到每一句邏輯簡單、但又似乎正確的安慰話語，每一個層面都包含著關乎「成績」的諸多迷思。雖然，父母孩子們不必「在乎成績」過了頭到「只在乎成績」，但是，請想想以下的問題：

「在乎成績」一定是「不快樂的童年」嗎？

「不在乎成績」一定能保證「快樂的童年」嗎？

「不喜歡讀書」就代表「不需要努力」嗎？

「成績優不一定會成功」，所以就「毋須努力學習與準備考試」嗎？

唯有釐清這些迷思，才能真正幫助父母成為「不迷惘的當局者」，在絕不完美的體制內，找到「局部小完美」的平衡法則與生存之道。

有「比分數更重要的事」，並不代表「分數就不重要」

身為父母者，當然不必然要採取如虎媽般急功近利的「中國式教養」：永遠不允許失敗，要千方百計追求成功，並維持成功。

但「不該將寶貴的青春耗費在無意義的應付考試之上」的這種說法，也沒有任何說服力。這就好比慫恿一個背負養家活口重擔的業務員，要他別把老闆的業績要求放在眼裡是一樣的道理。這樣做不僅無法紓解父母的壓力，反而更讓他們為自己「共犯結構」的角色感到罪惡深重。

在這強調教改、多元發展入學的翻轉時代，「追求成績」反倒成為「反時尚」、「反潮流」的過時行徑，「分數」似乎已成為扭曲學習的妖魔化身。但「成績」明明在人才評比條件中仍保持著屹立不搖的指標地位，所以根本鮮少人能真正相信「分數不再重要」。

「時代的聲浪」與「無情的分數評比」之間的矛盾，使得父母內心的衝突更加激烈難解，然而，在踏進分數之外的舒適圈後，「分數評比」並不會神奇地消失。其實，父母最需要的是，一路陪伴著孩子，讓他們拿出勇氣，不卑不亢地用適合自己的力道在分數現實中披荊斬棘，開創自己的路徑，進而創造屬於自己的獨特風景。

教育體制內的求生之道

在台灣，有可能做出「分數以外」的選擇嗎？
除了要考慮家庭因素、經濟狀況，以及孩子的資質與意願外，
即使真能脫離體制內的學習環境，
又是否能擺脫考試的人才篩選機制？

朋友們看著我家三小子在小學時一路盡情地探索：自學魔術、寫小說、自拍電影、瘋狂投入手作、不時到荒野探索生態蛙類動物，非常好奇我對三小子國中求學的安排，更有媽媽一想到孩子即將面臨國中巨大的升學壓力，便惴惴難安，於是徵詢我的意見：

「我有考慮轉到體制外的學校，妳覺得呢？」

「附近兩三所國中，有的課業逼得緊、有的鬆，妳覺得要選擇哪一所比較好？」

有教育程度頗高的媽媽更長期蒐集了「在家自學」的資料，決定投資自己，以

成就孩子。

對於這些問題，我的回答，正如同我在作家陳安儀《分數之外的選擇》一書中的推薦序裡所言：「我沒有如安儀的條件，為了孩子的教育做島內移民，所以我非常羨慕安儀；然而，我更佩服安儀，因為，**即使我有這樣的條件，我和我的孩子、家人也未必具備這樣的勇氣！**」

島內移民，也無法擺脫考試制度

是的，我沒有這個條件。

首先，先生的公司就在台北，這份工作不僅能讓他發揮專業技術，更是支撐我們一家五口的經濟主力，我們無法失去這份收入；第二，我的娘家也在台北，目前失智的老媽無法長時間離開她的女兒；第三，我的孩子在這個生活圈已久，他們喜愛這裡，四處都有玩伴知己，天天能和諧穩定的過日子，即使我有魄力想要島內移民，但我完全說服不了我的孩子與先生。

大兒子說：「我要和同學讀一樣的學校，我不想離開他們！」

二兒子說：「我覺得自己讀得了，就辛苦一點吧！」

三兒子更樂觀：「體制內讀書就一定那麼悲慘嗎？標準別那麼高就好了嘛！」

除此之外，我必須坦承，以下的現實更是重點：**即使能脫離體制的學習環境，但也無法擺脫體制的人才篩選機制——考試。孩子最終還是得透過無情的考試，以爭取自己想要獲得的教育資源。**

這是我家的狀況。

我反問朋友：「你們的處境如何？有本錢做『島內移民』嗎？你們的工作型態真能夠配合嗎？孩子和先生自己的意願呢？」

多數的朋友幾乎都沒有條件，不出所料，最後還是選擇留在體制內就學。

你家的孩子會是「唐鳳第二」？

再來談談「在家自學」方案。

去年以最年輕之姿當上政務委員的唐鳳是一例。十四歲，唐鳳便在父母的全力支持下開始在家自學，母親李雅卿甚至為了他，挺身創辦「種籽學苑」，堅持給予唐鳳「自主學習權」。

台波混血的美少女陳明秀，曾贏得亞洲滑冰冠軍，一七六公分的她，高挑亮麗，不僅擁有滑雪教練執照，還曾自製微電影，入圍兒童影展，多才多藝的她，也是從小實行「在家教育」。

看到這些亮眼的個案，真讓我凡夫俗子之輩怦然心動。然而，我要問的是：「我們真的有能力實行『在家教育』嗎？」

這兩個成功案例的背後不能忽略的，就是集心力、物力、財力，全然投入孩子教育的「高知識背景之父母親」。

李雅卿曾在著作中提過，她以自身的「法政背景」，努力地為孩子創造一個能自主學習的環境；也有很多其他家長們見證，他們全都必須全力投入孩子的教育，才得以支持孩子走出體制。

要執行在家教育，意味著爸媽得自己當老師，這條路一點也不輕鬆，因為需要父母投入極大的時間與精神準備教材、傳道授業，甚至還要另請其他老師負責專門課程。

這先決條件可有好幾個：**父母要有熱血，要不厭其煩；父母本身也得非等閒之輩，要有教學能力，且有閒又有錢。**

目前經濟大環境如此惡劣，雙薪家庭比比皆是，為孩子量身打造的「在家自學」方案，雖細膩而完美，但對多數家庭而言卻如天方夜譚。

我問自己：「我可能執行嗎？」

還來不及仔細推敲，我的大腦已亂成一團。咱家高中生、國中生、小學生各一，我可得變出三個分身，準備三套課程、三套行程表……我自己先等著精神分裂吧！

這，當然不可能！

另外，唐鳳的智商一八〇，這樣的孩子雖是萬中選一，但若非母親有條件全力支持，一般的家庭會造就出怎樣的唐鳳呢？想要選擇不同的學習之路，想要成就一個發光的天才，背後不能沒有厚實全備的支援系統。

「最適合孩子」的學校，就是最好的學校

再來討論「挑選自家附近的體制內學校」。我覺得這對一般家庭而言，是相當實際而重要的考量。針對社區內可以選擇的學校，細細評估與孩子氣質的吻合度，或許可以讓孩子在體制內少受些不必要的折磨，或者能激發孩子潛在的特質。

有一個好友的兒子總是名列前茅，他家附近有兩所國中，一所是大家擠破頭

想進去的明星國中，另一所則強調多元均衡發展。她打算把孩子送到後者，沒想到竟遭兒子極力反對：「我想要課業盯緊一點的學校，因為我就是想要考進前段高中！」

父母可能沒想過，有時候是孩子自己想跳進我們認為的「火坑」，如果他們未能如願以償，會不會反過來怪罪我們呢？這可得和孩子討論清楚。

另外還有個朋友的孩子從小對讀書便興趣缺缺，隨著年齡增長，情況愈加鮮明，他順著孩子的天性，最後讓孩子選擇課業壓力較小的國中就讀。這個開明的媽媽，看得開、想得開，果然，孩子上了國中後如魚得水，最後參加了只考術科和面試的高職特招，如願進入自己想要讀的職校科系，適得其所。

當然，還有一個方案——把孩子送出國。這個選項對我輩凡夫俗子而言，實在太過遙遠，所以列在最後，也沒有條件討論了。

分析的結論是：我沒有條件離開體制，所以，就務實以對吧！

而你呢？

讓孩子空出時間「做自己」

所有的孩子到了國中都得沒日沒夜的伏案苦讀嗎？其實，在高年級時就先讓孩子養成天天計畫、善用時間的習慣，到了國中，雖不比小學時的悠遊自在，但絕對可以空出自由運用的時間，繼續在自己的興趣上探索與扎根。

我家學區的國中是出了名的升學國中，但小子們每天依然每天空出四十分鐘做自己。老大翔翔寫了一部十萬字的小說，又和弟弟一起自編自導自演了兩部電影；老二凱凱則堅持週六一整天都要自由空白，自動自發享受於自學電腦動畫。

此外，不論教改怎麼改，只要最後無法脫離以「考試」做為篩選機制，體制內國中的真實現場就難擺脫「大小考試不斷」的宿命。既然長此以往看不到體制的學習環境脫胎換骨，與其抱怨，不如提早預備心態、調整心態，早早讓孩子在高年級時就養成提早預習、按日複習的好習慣，到了國中就能順應現實，並且依然能空出時間做自己！

別讓「分數至上論」或「分數無用論」，都只是父母的自以為是

孩子升上國中後，選擇留在體制內的父母會出現兩種極端的典型，一種是目光狹窄到只剩下分數的「分數至上論」，另一種是不忍心看到孩子遭受一丁點的壓力，而抱持「分數無用論」，這兩種類型的父母都注定將適應不良。

因為不斷接收到國中課業繁重、大小考試很多的訊息，父母在孩子升上國中之後詢問我的問題便從興趣培養、管教方式，逐漸聚焦在課業方面：

「國中哪些科目最難？需要補習嗎？除了數學，生物要不要補？」

「聽說國文非常難，考試都是課外的題目，又有艱澀的文言文，連國文都要補嗎？」

「補習班太多人，像我家這一隻，常常跟不上，是不是請家教會比較好呢？」

「現在免試升學到底是怎麼一回事？變來變去的，要不要乾脆去念私校？」

不是已經實施「免試升學」了嗎？為什麼一到中學這個關卡，父母的教養話題仍全在此打轉？

雖是愚勇，也需要智慧

楊照在他的著作《勇敢地為孩子改變：給台灣家長的一封長信》中指出，每一個人都在談「免試升學」，但是「在學校裡，從校長到老師到家長，從早上到放學，瀰漫在空氣中的，明明就是『考試』，這根本就是『說一套、做一套』。」楊照認為女兒讀國中時「幾乎每一分、每一秒都被迫處於集體的『虛偽狀態』中。」

楊照最後把女兒送往德國讀書，讓女兒得以全力發展自己的音樂長才，這幾年不僅得到音樂大獎，並獲邀重大的國際演出機會；若是繼續留在台灣，這個音樂天才女兒恐怕早就在考試的壓迫下磨損掉珍貴的天分。

楊照因此鼓勵父母們，即使知道最終是「狗吠火車」沒有用，也要抱定「試圖改變台灣教育」的「愚勇」，才能真正改變台灣的教育，否則天才在台灣也只是庸才。

這是一位勇敢衝撞教育體制的父親的做法。只是，我也認為，若是一個不具特別天分的孩子被送到國外唸書，未必就能有好的發展。天才的確需要一個能琢磨他發光的環境，但是前提是：必須是個出眾的天才。

至於我們這些離不開「火車」的凡夫俗子，真的也得具備另一種「愚勇」以生存下去。這不是指凡事逆來順受，而是一面在觀望現況中推動教改，一面務實的在現實中投入適當的力道與心血來掙得教育資源，因為我們就只能選擇在這條道路之上前行，無法不使用這條路上的規則，以佔得適合自己的位置。

分數教育下的極端思維

待孩子升上國中後，選擇留在體制內的父母會出現兩種極端的典型，一種是把教育視作追分過程的「分數至上論」；另一種則是把「考試」視作折磨孩子的苦刑，是孩子快樂成長的絆腳石，因此抱持「分數無用論」。

前者的父母認清了殘酷的升學競爭態勢，既然取得高分才能取得最佳資源，於是把求學視作戰鬥的過程，想方設法為孩子儲備「考試」戰力，親子攜手進入瘋狂的備戰狀態，「追求最佳成績表現」成為最高指導方針。

他們四處打聽補習班與名師資訊，積極為孩子部署「提高學業成績」的生活模式；不斷給校方壓力以爭取高績效（學科成績）的老師，高分貝要求導師賣命地為孩子的成績負責，要老師罔顧法規、公開排名以刺激全班激烈競爭，認定「能交出最漂亮升學率的老師」才是好老師。

後者在險惡的升學環境裡則以不變應萬變，極端保護孩子的自尊與自主權，完全不看重孩子的成績，甚至告訴孩子「爸媽才不在乎他們考幾分」、「好成績未必保障好前途」，因此不看分數、不盯進度。

前者父母火力全開，但孩子是否就真能達到他們的高度期待？當然，有天資聰慧、乖巧順服的孩子在父母處心積慮的安排下平步青雲；但我也親眼目睹不少孩子**在高密度、高強度的過度安排中，反而愈來愈被動，愈來愈厭惡學習**。

有一位每晚都在各科名師強力放送中度過國中生涯的孩子，最後竟然因為成績不理想而選擇一所風評普通的私立高中。她的媽媽恍然大悟地嘆道：「這三年我家孩子什麼都沒補到，花了大筆鈔票只補到我這當媽的『心安』而已啊！」

而後者那些不在乎分數的父母，一心要為孩子締造「快樂零壓力」的中學生涯，又真的成功了嗎？有一個孩子私下透露，成績老是殿後、無法感受自己有能力進步，反而讓她在國中非常不快樂，因為即使爸媽不在意分數，但是她天天都感受到同學們歧視的目光，「同學都覺得我很笨，他們不太喜歡和笨蛋做朋友。爸媽根本不知道我在學校的壓力很大，我多希望自己能夠進步，讓同學看得起我！」

真正的現實就是：所有在體制內想要爭取一定資源的孩子，沒有人能擺脫分數的掌控；面對排山倒海的考試評比，每個人都需要學會排解壓力。

親愛的爸爸媽媽，讓我們領著孩子的視野，目光裡別狹窄到只剩下分數；也讓我們引出孩子的勇氣，支撐他們承受體制內不可能消失的壓力。如此，相信將沒有孩子會適應不良！

不績優，沒關係，但要盡己所能去努力

為了減輕學習緩慢的孩子深重的挫折感，父母或許會刻意表明他們完全不在意

孩子的成績表現。事實上，這是一種掩耳盜鈴式的回應方式，因為即使父母不看成績，但孩子絕對會自己去感受。只知一味安慰孩子「即使考得很爛，但你依然很優秀」，當他面對學習困境時卻總是束手無策時，孩子絕對不會相信自己很優秀。

一個真正喜樂安定的孩子未必名列前茅，但一定是充滿自信的孩子。孩子的自信來源在於他清楚知道自己可以藉由努力與適當的協助而達到一定的目標。

所以要締造一個內心平靜而滿足的孩子，父母要做的，絕不是忽視孩子的學業表現，而是對孩子說：「盡你所能去努力！」；也絕非置身事外，而是永遠清楚孩子何時須協助，幫孩子創造突破自己的機會！

課業與社團，只能二選一？

熱愛電影的大兒子，花了大量的時間投入社團活動。
我雖然憂心他的課業進度，
但在觀賞他的作品後，發現這整個過程不是只需要藝術家的創意，
更得動用企劃力、堅持度等多種能力才能完成。

上了高中的大兒子在剛上高一時，還大致依循著國中時單純而規律的生活模式：上課、小歇、做功課、晚餐、讀書。但自從參加了社團之後，生活也隨著豐富的社交生活而逐日複雜起來。

他常常無法準時回家，晚上要空出大量時間聯絡社團工作、週末時要進行社團活動，當然，從此放在書本上的時間就愈來愈少。

而瘋迷電影的他還發現學校的音樂課有MV製作，學校更舉辦「微電影大賽」，一直嚮往電影創作的他，當然心花怒放，絕不放過一展才華的大好機會。於

是，整個高一下學期，幾乎有三分之一的時間，都在籌畫拍攝他的偉大作品。最後皇天不負苦心人，兒子拿下了全校的首獎，音樂課苦心創作的MV拿了最高分。

這些成功的經驗讓小子意氣風發，立下更大的宏願：創社。

兒子在升高二時，毅然決然草創了「攝影社」，從暑假開始就積極尋找幹部、制定規章、擬定行事曆。高二才一開學，就如火如荼的宣傳、辦聯誼、籌辦活動，整顆心沸騰。

然而，自從大學學測提前至一月份舉行之後，沉重的升學壓力就整整提前了半年，這使得所有親師生從高二開始都不敢再瀟灑度日，升學的競爭氛圍日益凝重，「考上好大學」已變成高中親師生首要作戰目標。

媽媽我能否靜心看待兒子將大量心思放在社團與電影製作呢？

誠實地回答：難！

學校該主導還是輔導？

正如同《天下》雜誌的報導，高中龍頭的建中，近年來受到繁星與推甄的影響，學生上台大的比例逐年降低，連建中校長都要求學生要減少課外活動，全力衝學測。

他取消每年校慶的創意變裝秀、班際合唱比賽；英語話劇不讓學生花太多時間準備，改為自由參加；畢業旅行提前至高二寒假剛過時舉辦；社團成果發表會從六月提前至四月，並一併完成幹部交接。

附中也因為滿級分驟減而壓抑學生社團活動：社團寒、暑訓應以五天為限、校慶晚會最多三小時，並要管理學生使用手機與請假浮濫的問題。

規則一公布，附中學生們都痛批：「附中已進入戒嚴時代！」而建中的做法更遭各界譁然：做為一個龍頭學校，竟然辦教育「窮得只剩下『升學』！」

但唯一額手稱慶的一定是父母。而讓這些在教育現場的首腦人物與教育潮流背道而馳的幕後推手，也一定是「眼裡只有分數」的父母！

但問題是，當大人一心想要「減少課外活動」時，學生就必定會「高投入於學業」嗎？乖巧的孩子或許會默默承受，但性格鮮明的孩子會不會愈壓制愈反彈呢？

順著正常的身心發展歷程來看，此時期的孩子有強烈的自我主張，高度渴望藉由各種活動來探索自我，看到自己的能力、肯定自我價值。更難以抗拒的是，他們更享受和一群志同道合的朋友，透過完成共同的目標而凝聚同儕情誼。即使大人們一意孤行壓制孩子遠離課外活動，但這些正常而澎湃的內在動能也會另尋揮灑的出路，因為這就是自我探索與鍛鍊的必要過程。

社團能培養生存能力

事實上，當我看到兒子的作品時，我深深感動著，因為有幾幕是十幾個同學一起演出的場景，這意味著在拍攝之前，兒子必須先探勘場景、仔細聯絡；在現場更要指揮全局，讓全員都能完美搭配演出。

而好幾個同學精湛的演技，也讓我不由得去揣想兒子是如何和他們溝通、協調、討論，以致讓素人同學能表現不俗。

得獎後，兒子怎麼去向整個團隊表達感謝，全員與有榮焉的一起開心慶功……，這整個過程，不是只需要藝術家的創意，而是需要孩子動用企劃力、堅持度、溝通力、協調力、領導力才能完成；豐碩的成果不僅止於一張得來不易的獎狀，更凝聚了一輩子都會印在心底深處的甜美友誼。

而以上所鍛鍊出來的能力，正是無法被量化、父母又無法直接看到數據而給予肯定的「非認知能力」，也就是我們常說的「生存能力」。

日本經濟學者中室牧子在《教育經濟學》一書中，更下了一個我認為極重要的結論：「投資在『非認知能力』上，對孩子未來的成功極為重要……若為了眼前的學校考試提高成績，而要求孩子停止社團、學生會、社會公益活動時，以長遠看來，很可能只為了提高一點點學業成績，就剝奪孩子培養『非認知能力』的寶貴機會。」

社團不是「不能玩」，而是「該怎麼玩」

被中室牧子「噹」完後，媽媽我真能灑脫以對嗎？和大多數的父母一樣：當然不完全！畢竟學測就是不考「非認知能力」啊！這是非常現實的問題。

因此，如果只顧著把自己的心臟變強大，裝聾作啞，告訴自己要顧及孩子長遠的發展，也很可能耽誤了一個亟需務實作為的孩子。

於是找一個適當時機，和少年郎平心靜氣地討論「如何健康而平衡的參與社團」。結論是：

一、肯定社團是多方面磨練自我的最佳園地。玩社團的目標是：找到自己的定位、發揮自己的才能，展現漂亮的成果，交到志同道合的好朋友。

二、認清學業是主餐，社團是甜點，不能本末倒置。

三、做好自我管理與時間規劃，訂出每週讀書時間、社團時間、補習時間，並盡力達成。

四、平常時期一天至少投入兩小時專心讀書，不碰手機、不聯絡社團活動。

五、考前至少兩週停止社團活動。

六、跟團員有共識，有效率的處理社務，更該彼此督促，該用功讀書時，相互教導，彼此激勵。

準國中生該如何做準備？

我非常鼓勵孩子在小學階段要藉由各種活動、興趣與嗜好，感受自己的潛能性向。同時，如果孩子在高年級就對學科的興趣極度缺乏，或學習速度緩慢，就絕不適合就讀過度追求升學表現的學校，最明智的做法，就是讓他轉到適合的學校。

在體制內的國中往往在班上會出現一個陰陽兩界的奇異狀況：教室裡有一批對學習有興趣、聽得懂、跟得上的學生，但更有一批往往不知老師所云、跟不上進度、無法投入的孩子。兩批孩子一邊一國，但兩國可不是楚河漢界，而是錯落而坐、互為干擾。

有位媽媽就曾以私訊表達她的憤怒與憂心，因為在她孩子的班上，重要的課程如國文、數學、理化，無心聽講的孩子常常會扯開老師的話題、喧鬧狂笑、甚至傳紙條、互丟東西，而在老師無力抑制孩子失控行為的課堂上，甚至還有學生我行我素、四處走動。

這位媽媽憤怒的表達：「孩子根本已經喪失聽課的權利，想聽課也無法專心！」

但是老師端卻兩手一攤表示：「班上程度差異大，我也沒辦法把老作亂的孩子趕出教室！」

最後這個班級就一路亂哄哄到學期結束，一心想學習、卻不斷受到干擾的孩子也只好轉向補習班報到。

這是一個三輸的結果：想學的孩子沒辦法專心學，不想學的孩子精力無處宣洩，想好好教書的老師無奈投降，得不到教學的成就感。

加深又加廣，國中課程不輕鬆

場景轉進小學，為什麼班上就不會出現此種一國兩制的狀態？

這是因為小學階段的課程單純、簡單、進度不快、考試又少，只要用心聽講，全班大致八成以上的孩子都跟得上進度。

一上國中，科目變多，內容加深加廣，考試題型又靈活多樣。以數學來說，一個單元有三、四個章節，每週就必須上完一個章節，下一章節又與上一章節環環相扣，若是這個章節原地打轉，下個章節注定是霧裡看花。如果學習遇到瓶頸而落後了一小步，就只有一個選擇——搶時間快快弄通，否則接踵而至的艱澀教材必會讓孩子走上放棄數學一途。

有位補教名師曾說：「只要不放棄數學，就能贏過一半的同學。」因為實在有太多孩子在上了國中後，從現實中領悟到這輩子大約和數學絕緣。

除卻數學，國文也是多數孩子公認難度三級跳的科目，除了需要透過長期而大量的閱讀與思索進而累積語文能力外，會考內容更是古今中外、包羅萬象，沒有範圍，考的就是語文的素養，包含閱讀理解、拐彎抹角的修辭學、令人眼花瞭亂的字音字形、語文常識。

而自然領域又分出生物、理化、地球科學等獨立科目，大考的方向已然邁向靈活化、生活化、整合性、跨領域，除了要能全面掌握教材的脈絡、透徹理解每一個獨立學理之外，還得磨練出極佳的判讀能力、邏輯推理、分析思辨等高階思維能力。

獨立分成史、地、公民的社會科當然亦如此。如今，「死背年代人名等死知識」的學習模式，被各界嗤之以鼻，但要能釐清古今中外繁複歷史事件之前因後果、建立清楚的地理概念，絕對由不得以率性的一句「不要死背」做結論，大腦還是得乖乖空出一定的容量，先耐煩建立清晰完整的背景知識體系，才可能進一步瀟灑談活化。

除此之外，強調多元發展、五育並進的體制內教育，當然少不了音樂、美術、家政、工藝、體育、軍訓等生活能力的訓練與美學的陶養。孩子們都很熱愛這些課程，因為內容的規劃非常豐富實用又精采有趣。然而除了實作，在體制內，這些科目依然逃不開傳統的紙筆測驗。

跟不上進度，國中後可能成為拒學的孩子

中學恐怕是人生中最博學、最能幹的一個階段，上通天文、下懂地理；左手背誦詩詞經典、右手玩數學推理；早上做實驗、下午烤蛋糕；昨天揮汗跑完三千公尺，今天在教室裡關注生命科學。

在體制內讀中學，若每一科都認真讀、每一個領域都用力做，那麼忙碌疲累的程度絕不輸企業大老闆。

但現實的狀況是，不是每個孩子對每一科都具備學習潛能、都有學習興趣，而

且大多數孩子都不擅長在倉促追趕下順利吸收每一種知識技能。但是選擇體制就得認清：目前的教育規劃就是要學校在同一個時期，什麼都得提供、什麼都得評分，而孩子什麼都得學，什麼都得照單全收。

積極進取或聰敏專注的孩子可能因而被推向十項全能，但悠遊自得或學習緩慢的孩子則真的可能落得適應不良，這種差距將隨著學習的份量愈來愈重、難度愈來愈高而愈來愈壁壘分明，這也是到了國中，「拒學」比例大幅提高的原因。

高年級是決定國中學習的轉捩點

曾經，為了給孩子不疾不徐的學習步調，在迎向體制中學之前，我認定什麼都不須多想，什麼都毋須準備，什麼都到時候再說，一切船到橋頭自然直。

但是看到太多國中教室裡「一邊一國」的學習干擾狀況後，我不得不承認，若一切崇尚「順其自然」，很可能順出一個原本在學科上想努力、但卻愈來愈無力的孩子。

與其到國中遭受嚴重的打擊，非常實在的，就是在高年級開始要逐步為體制內國中的學科學習打好基礎。不論孩子屬積極學習型，或是被動、慢速的學習者，勢必得從高年級起，將稍多一點的心力放在學科上。

而此時期的學科都與國中課程有所關連，正是銜接的關鍵基礎期，不論國語、英文、數學，都應該開始要求孩子在能力範圍內學通、學會、學得徹底。

事實上，我非常鼓勵孩子在小學階段盡情的自我探索，藉由課內課外的多種活動、甚至閒暇時的興趣培養，讓孩子開始細細感受自己的潛能性向，這個過程絕不能因追求課業而完全被犧牲掉，因為「體察自己、探索自我」才能為一輩子的學習定出方向。只是到了高年級，一定要重新分配時間，投注較多心力在學科的學習上，為銜接體制國中打下能安心適應的基礎。

另一方面，如果在孩子在高年級時，就明顯展現對學科的興趣極度缺乏，學習速度緩慢，那麼一定要預先仔細研究學區內的國中型態，此類孩子絕不適合過度追求升學表現的學校，因為他極可能在此種學習環境裡中厭棄學習、放棄自己。最明智的做法，就是毫不猶豫地把孩子轉到適合他的學校。

讀國中的孩子跟上腳步了嗎？

關於學科的學習，一個在體制國中內能「良好適應」的孩子，我想應要具備下列的幾項條件。

一、上課能專注聽講：儘可能降低回家自我摸索的時間。

二、懂得善用時間：會規劃每週固定的生活行程、會細想每天進度的安排，並知道自我掌控與監督的重要。

三、能按日複習課業：每天願意耐煩而專注的按照計劃複習課業至少兩小時。

四、能獨立研讀：學會由自己劃重點，能自主進行深刻思考。

五、懂得尋找資源：對於不懂的課業，願意發問、主動尋找可以協助解決問題者。

六、對課業負責，但以平常心看待大小考試。

如果孩子與名校無緣

除了極少數頂尖的學術菁英之外，沒有一個孩子能保證永遠拿高分。父母要在一次次上沖下洗的分數中，學著去接受孩子的「成績定位」，對分數的期待既不好高騖遠，也不妄自菲薄，親子雙方將能因達到最大公約數而降低彼此的期待落差。

有一個家長曾對我說，孩子要念書當然要念最好的，否則念一所爛學校，浪費時間浪費金錢，不如早早去工作。因此在孩子成長的路上，她毫不掩飾自己就是處心積慮地想把孩子一路栽培到頂尖名校，而孩子也不負父母苦心，果真一路讀到長春藤系名校研究所。

「誰不喜歡用名牌？有能力用名牌，何樂而不為？不要騙人，誰沒有虛榮心呢？」這是她的第一個觀點：名校如名牌，就是人人都想要追求的光環，何必掩藏虛榮心？

「名牌為什麼好？因為質料好、製程好、處處精密。名校不也如此嗎？就是集合最優質最勤奮的學生，能聘任到最頂尖的教授人才，能舉辦高層次的學術研究，又能爭取到最多的資源、擁有最好的設備。」這是她的第二個觀點：名校的價值如同名牌，就是品質的保證！

「走出社會，哪個大企業不是年年都到台清交挑人？國外也是這樣，哈佛、普林斯頓、耶魯、史丹佛、ＭＩＴ⋯，每年都有企業不辭勞煩到這些學校搶人。讀名校就是你選擇別人，而不是等著讓別人選擇你！」這是她的第三個觀點：名牌經得起考驗，名校推得出好人才！

栽培孩子進名校，確實是一條光明大道，問題是，這世上絕大部分的孩子不但高攀不上，甚至連聲望普通的學校都沾不上邊。那麼，這些孩子是否就如路邊攤便宜貨得黯淡一生？

讀不了名校的孩子，也能成為知名飯店的高階主管

有位三個孩子的媽媽，在孩子長大成人之後寫了一篇文章叫「讀名校有這麼重要嗎？」。

她的大兒子和大女兒高中都考取第一志願，大學也都考上國立明星大學，大兒子接著就到國外拿到工程碩士，最後回國擔任工程師；大女兒則在德國拿到文學碩士後回國從事專職翻譯。

唯獨小女兒課業始終落後，當然注定與名校無緣。高中時考取某高職的美工科，畢業後竟然考不上大學，讓父母十分失望。

而後，這個孩子開始對餐飲業管理產生興趣，所以自己幾番掙扎與努力，終於得到機會到瑞士餐飲學校進修。

在歐洲的技職體系學校非常重視實作，課程與實習兩部分兼具，小女兒一個學期到學校上課，另一個學期則到業界實作。但是實習期間比起上課更為辛苦，清晨五點就得起床，在寒冷的瑞士要用冰冷的水洗碗盤，因此培養了吃苦耐勞的精神。

小女兒回國後，先在某五星級大飯店擔任領班，認份的工作，又一路升上副理、特助、總監，現在已是國外某知名品牌大飯店的高階管理人，曾參與過數家大飯店的籌立業務，收入很不錯，也是三個孩子中唯一能每月固定撥出資金奉養父母的孩子。

這位媽媽坦承，當年在面對這個小女兒時曾經非常挫折，她還因為小女兒只考上職校美工科生氣了許久。但萬萬沒想到，讀不了名校的孩子，最終卻搞出另一番

「名堂」！

親子間達成對分數期待的最大公約數

在孩子尚未完整走完學習的旅程之前，誰能斷定哪條路是康莊大道呢？「讀名校」無疑是開門就能見到大山的光明旅程，但擋在大山之後仍舊需要真本事去開路；讀不了名校、成績很平庸、甚至低下的孩子，雖然不能因而放棄學業上的學習，但是父母的確需要「智慧之眼」、「開闊之心」來看待分數以外的真實孩子。

然而，一旦孩子進入評比不斷的學習環境，要父母們把眼光從孩子的「分數」移開，談何容易？父母的挫敗感以及親子關係的撕裂很可能就是從小學第一次期中考開始的！

每個父母都經歷過心情隨著孩子分數起伏難安的過程，平常看似開朗民主的父母，只要孩子一進入體制的學習，也很有可能不自覺地陷入分分計較的泥沼中。

但是，各位爸爸媽媽知道嗎？除了極少數頂尖的學術菁英之外，沒有一個孩子能保證永遠拿高分、永遠不考砸！

當孩子進入體制，就代表著將要迎向大大小小的考試戰役，父母首先就要練就以「平常心」來看待孩子成績的硬本領。而這個平常心不僅是練就一顆強大的心臟，讓自己心緒不易隨著分數而波動；更重要的是，要在一次次上沖下洗的分數中，去感受、去掌握孩子成績的「常態表現」，然後學著去接受孩子的「成績定位」，這將讓我們對分數的期待既不好高鶩遠，也不妄自菲薄，親子雙方能達到最大公約數而降低彼此的期待落差。

成績不理想的四類孩子，該如何幫他們？

除了各科學習力都很強，也會自我鞭策的少數菁英之外，每個孩子都會面臨到學習的困境，約可分為四類。

第一類：對學科的學習有興趣，但讀得很辛苦。

這類的孩子可能在學習上遇到了瓶頸，他們最需要的是父母伸出援手來幫助他們釐清學習問題，是時間規劃不妥當，還是學習方法有問題？他們很需要額外的資源，如家教、補習，都能助他們一臂之力。

第二類：對學科的學習有興趣，雖已盡最大力量，但成績仍無法突破。

這類的孩子對學習不排斥，會盡自己最大的力量，也懂得依靠資源，但成績卻始終無法突破。

對這類孩子，最怕父母還抱著夢幻期待，讓孩子疲於奔命。父母若是體察到孩子的平均落點，就要接受現實，更要肯定孩子的付出，因為孩子自己也很想突破，但卻發現事與願違，若換來的是父母不斷的責備，最後必定喪失信心，甚至不再努力。

第三類：對學科的學習沒有興趣，但仍能達到一定的成績水準。

這類孩子雖然對學科的學習興趣不高，但憑著不錯的頭腦，成績不致太差。父母要先去了解這類孩子對學習缺乏興趣的原因，是老師的教學方式，還是對考試反感？

但無論是何者，此類孩子一定能找到他最感興趣的部分，不論是學術或技術方向，最重要的，是要幫助他把強項發揮到極致。至於對於他不感興趣或是進步有限的科目，則訂定能夠達成的目標即可。

第四類：對學科的學習沒有興趣，而且成績低下。

這類孩子是在學生生涯中適應最不良的。他們缺乏學習動機、也沒有學習成就，很容易就走上「拒學」、「中輟」之路。

師長一定要努力看到這類孩子在學科之外，不論個性、服務、生活智能等各方面的亮點，並努力找機會讓他們有所發揮，讓孩子清楚感受到自己的優勢，藉以建立自信，補足在學科上的挫敗感。而這些亮點，就是他未來職涯發展的契機！

2

認真，是一種基本的人生態度

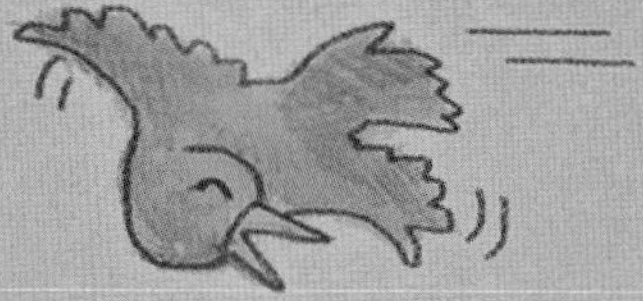

不愛讀書，不代表不需要努力

不讀書，當然也可能成功，
但更可能需要比讀書投入更多倍的心血與時間。
你可以不讀書，但是不能不學習，不能不努力，
而且還得更加倍的努力學習！

「會念書不能保證一切！」這句話在理性與感性上都極具說服力！因為在邏輯上無可反駁——會念書本來就不能保證絕對的成功，然而不會念書最終能出頭的反證卻比比皆是；在情感上，這句話瞬間就能讓無望者不再自覺矮人一截：會念書有什麼好得意的，又不是一輩子都贏！

「會不會念書」當然不是衡量未來成就的唯一指標，但需要進一步思考的是：

念書雖不一定能成功，但不念書的人若想要成功，就一定能成功嗎？

拿菜刀比拿書本輕鬆？

我認識一位七十多歲的阿嬤，因為兒子離婚，於是擔負起隔代教養的重責大任。從小活潑愛玩的孫子到了國中時發現課業愈來愈繁重，成績每況愈下，於是直接跟阿嬤表明自己不是讀書的料，阿嬤則問他不讀書要做什麼，他想都沒想就說，現在餐飲業很發達，吳寶春、阿基師都能賺大錢，他乾脆直接選擇高職的餐飲科就讀。

幾年過去，某天我在路上巧遇這個長輩，因心疼她一路辛苦，於是問起孫子念餐飲科的狀況。她無奈地說，孫子上實習課之後，發現成天都是在廚房練切工、洗菜、吸油煙，而且大多數的時間都得站著，還要做一些基層的打掃、清洗工作，實在太辛苦，這才發覺自己根本沒興趣，所以孫子還沒畢業就已經打退堂鼓，打算離開本行。

我則好奇當初為什麼會答應讓孫子念餐飲，到底知不知道他是不是真有興趣？阿嬤回答：「我當初怎麼會知道他有沒有興趣？只知道他不愛念書，想說他有個一技之長就好！」

「但是那麼多科別，為什麼他就是要選餐飲科呢？」

「他看到有朋友學汽車修理、有同學進工廠，都覺得太辛苦，所以覺得學餐飲比較輕鬆吧?!唉呀，他當時都不念書，我想他只要願意念，我都順著他啦！」

四、五年前媒體大量報導吳寶春、阿基師在餐飲業界叱吒風雲的故事，於是吸引了大批學子蜂擁投入，特別是拒絕升學考試的孩子更以兩位大師為偶像。另一方面，為了因應此一需求，餐飲科系也如雨後春筍般一家家設立，有些私校甚至將冷門科系改為餐旅管理科系。

但是大量的學生在真正投入餐飲業後才體認到：**窩在暗無天日的廚房裡可比念書更為辛苦，拿菜刀的更不比拿螺絲刀的輕鬆啊！**

雖然餐飲科系都號稱「學生畢業後不知道什麼叫失業」，但前提卻是，學生必須能夠忍得住好幾年「長工時、低薪資，又大量消耗體力、勞力，以及得不斷重複」的基礎工作。

多少學生熬得住？結局令人無言。根據統計，超過七成的餐飲科系學生最後都選擇轉行。

別人不愛讀書能成功，不代表你也可以不勞而獲

不讀書，當然也可能成功，但是可能需要比讀書投入更多倍的心血與時間；需要更過人的毅力與堅持，那辛苦絕對不亞於念書，因為天下沒有不勞而獲的事！

而許多決定能不能成功的因素，比如運氣、機遇、人際互動等，還不能由自己一手掌控。

比較起來，用功讀書，恐怕是一件最簡單、最能自我掌控的工作了！

果然，前述那位阿嬤告訴我，他的金孫很後悔當初太愛玩，不願意好好讀書，現在才發現，每天早出晚歸，工作十二小時，月休六天，每個月才不過兩萬出頭的薪水，讓他愈做愈慌，愈做愈沒力。

這不是要不愛讀書的孩子全都得硬著頭皮、違背本性，硬生生地改走學術路線，而是要認清：世界上沒有白吃的午餐，要出頭，可以不讀書，但是一定得更努力！「不會讀書、不喜歡讀書」或許真的是天注定，但絕對不是不努力的藉口。

如果有機會遇上很成功、但卻不愛念書的前輩時，千萬不要只顧著問他打混摸魚、吃喝玩樂的過去，而是要追著問他打拚事業所吃過的苦頭、如何辛苦下功夫，那才是重點！

世界上沒有一個人永遠可以只挑選自己喜愛的事情來做，任何領域想要出頭，絕對必須扎實而持久的下功夫。因之，關於「讀書」與「成功」的相關性，應該要有以下更完整的敘述：

讀書不能保證成功，但不讀書也同樣不能保證成功！

你可以不讀書，但是不能不學習，不能不努力，而且得更加倍的努力學習！

沒有企業不看學歷；拿不出學歷，你只能抓緊機會更努力！

一位高中的輔導主任曾語重心長地跟我說，雖然不斷有人鼓吹「學歷不代表一切」，但每每跟業界實際接觸才發覺事實並非如此。把履歷攤開，在所有應徵者的工作經驗都不足、甚至是「零」的時候，業界毫不諱言，就是會先錄取「台清交成政台科北科」。

為什麼？企業主表示，並非百分之百確定這些前段學生的工作能力一定比較強，但是在「無從比較」之時，至少大約可以確定這些前段生在求學階段面對份內工作時，應當是比較認真盡責的。

因之，我們不得不承認的殘酷現實就是：學業表現前段的孩子就是握有更多張

「工作入場券」。

這也是為什麼任憑教改再怎麼改，大家依然擠破頭都要擠到前端的原因，因為**當拿不出任何證據來證明自己的能力時，至少有一張學歷。**

難道擠不進頂大的孩子，未來就是一片黯淡嗎？這個社會很弔詭，幾度物換星移後可能會發現，有為數不少當年的頂大生，反而成為那些拿不到「漂亮門票」者的伙計，拿他們的薪水、看他們的臉色、聽任他們的差遣。

關鍵何在？其實也在於「認真」的態度。

拿到「不漂亮的小張門票」也算是一張門票。當一個人體悟到自己的不足、取得的資源很有限時，會有什麼反應？可能會怨天尤人，自暴自棄；也可能倍加珍惜，深怕失去。

如果是後者，手持一般人眼中的「小張門票」者，勢必會竭盡所能，讓這張看似不起眼的票值回票價，因此更願意付出、更願意學習、更願意擴展人脈、更願意進一步思考如何創造自己的附加價值。

有真本事，就能成為贏家

友傑自動化機械有限公司的董事長鄧貴友，曾遇過一個讓他印象深刻的年輕人，才剛從高職畢業，但是有很扎實的技術底子。他問對方要多少薪水，年輕人反問他想要用多少錢聘僱。當時鄧老闆開出對職場新鮮人來說是相當不錯的高薪五萬，不料，年輕人不但不領情，反而進一步要求「按件計酬」。最後，年輕人每個月竟領到十五萬元的薪水。

這樣看來，鄧老闆是失算嗎？

鄧老闆說，他完全不後悔，反而很開心，因為他只付了十五萬，卻得到一百五十萬的產值，何樂而不為？

這位年輕人才畢業就能賺上好幾個22K，遠勝過研究生，更勝過大學生，這正是因為不選擇升學路線的他可不是把大把時間用花在上網、玩電動、吃喝玩樂，而是在求學階段，他就已經努力打造了一身真功夫，而畢了業，又比任何人肯做敢衝！

哪些年輕人能有資格大喊「讀書不重要」呢？只有努力讓自己具備扎實技術、又勤奮肯做的那些人！

名列前茅，不代表一定熱愛學習

願意逼自己苦讀拿第一的孩子，不代表真的樂在學習，他們甚至有可能以為「拿到高分」就已經達到目的，而忘了應該好好面對自己、認識自己，從而看到分數背後代表的意義，做出適合自己的抉擇。

關於這個主題，我自己應該是最好的例證，我就把自己當成個案好好分析吧！

我知道如何考第一，卻找不到自己的興趣

進入國中後，我意識到聯考的壓力，於是用上洪荒之力廢寢忘食的苦讀。當然，皇天不負苦心人，三年的國中，除了一、兩次段考落到第二名之外，我是次次穩拿第一。

我換得的是，父母以我為榮、同學以我為尊；我能驕傲地站到升旗台上接受全校同學的欽羨目光；每次考完試，我都優先享有選擇教室座位的特權。

於是，讀書對我的意義就只有三個字：爭第一！

上學的動機也是三個字：考第一！

學習的樂趣當然也只剩三個字：拿第一！

就如同紀錄片《學習的理由》（見第八十九頁）裡一位男孩的比喻：「考試就像寒天，你會很有飽足感，但真的沒吃到什麼營養。」

高中時，我當然順利考上北一女，但這光榮的一刻卻也是災難的開始。當全國第一名都匯聚一堂時，第一名再也不在我的掌控之中了。一上高中，我就落到四十多名，然後經常在三十幾與四十幾名之間徘徊。

拿不到第一，當然就對學習的胃口盡失，我因此找不到任何一個能打從心裡真正喜愛的科目，我沒享受過純粹為了追求知識而得到的樂趣。高中時我有好長一段時間根本不清楚為什麼要讀書。

到高二要分組時，我當然想不清楚自己適合什麼？喜歡什麼？這是一道遠超出我思考能力的難題。要選文組？還是理組？我對自己的性向一無所悉。而高一悲慘的分數經驗告訴我，生物我根本讀不好，數學又太艱深，所以只要能躲掉這兩科就是最好的選擇——於是我「逃」到文組「避難」。

到了高三，大學聯考的壓力迫近，於是我整個人又像瘋子一樣鎮日埋在書堆中狠拚，因為師長們一再說，分數愈高，選擇愈多，於是當務之急，當然不是搞清楚自己的方向，而是儘可能拚到高分以增加自己的選擇權。一切都等考到高分再說吧！

果真，在一年閉關式的苦讀之後，我的分數在文組裡很漂亮，足以上台大外文系，但我到底要念什麼才好？我仍舊沒有一丁點想法。

父親告訴我，不知道念什麼就念師大吧，女生就是當老師最好！但我一想到遇過的種種老師的面貌就打了退堂鼓！

有人告訴我，資訊管理系將來出路好、商學院也不錯，但我算了總分，數學不太漂亮，加權計分後竟然上不了。

而我那一位就讀台大國貿系、但最後卻搖著筆桿當記者的大姊告訴我，當年她的分數太高，錯過她最想讀的「政大新聞系」（當年是按照分數分發），甚為可惜，於是要我幫她「補念」回來，我覺得這樣也挺好的！

於是，我就在自己沒有任何鮮明主張之下，決定唸政大新聞系。這，就是我選大學校系的荒誕經過。

從逃避，到找到自己的路

荒誕的選擇，注定了四年的空虛。

既內向、又對公共事務興趣不高的我，根本對新聞採訪相關課程沒有半點興趣，唯有接觸到部分具有創意性質的課程，如廣電節目製作等，我才感覺大學總算有點色彩。

畢業後，當然還是搞不清楚自己想做什麼，但既然讀了廣電新聞，而當年電視記者的待遇又好，第一選擇當然就是去報考電視台記者。藉著音質還不錯，我順利考上電視記者。

不料，這又是另一個噩夢的開始。

上線後，因為對新聞判斷不夠精準、漏新聞等，讓我愈來愈沒自信；粉墨登場播報新聞讓生性羞怯的我得不到任何成就感。在工作兩年之後，我的自信盡失，但直到此時，我才意識到關鍵的原因是：我對新聞工作根本沒有熱忱。

於是，我又採取「逃避路線」，用自己工作兩年存到僅有的錢，選了一所美國很便宜的學校就遠走高飛。在那裡，我獲得了最後一個學位。因為年紀漸長，不能再蹉跎光陰，我終於認清「思考自己」是最根本的一件事，於是開始認真思索：我到底喜歡做什麼？適合做什麼？

我想起學生時代最喜歡、也拿到最高分的一個科目：電視節目製作；也想起曾經在大三全力投入參加的廣播創意節目比賽，以及在新聞工作中常常享受於包裝一則小新聞的聲光布景而非新聞的走向……，於是，有一條路在心裡漸漸浮出。

當我學成歸國後，就毅然決然轉到以創意為導向的電視節目製作路線，這時才真正恍然大悟：我總算走對了路！雖然為時不算太晚，但也著實走了不少冤枉路！

拿高分≠認清自己

孩子只要願意用功，就代表真的熱愛學習？享受學習？

孩子只要名列前茅，就前途無憂？

父母必先確定孩子的成績夠好，其餘免談？

從我自身的成長經驗來看，願意逼自己苦讀拿第一的孩子，可不代表一定樂在學習。追分之外，更重要的是自我的認識與探索、以及不斷釐清自己該走的方向，這才可能引導出最真實持久的學習動力與樂趣。

愈會讀書考試的孩子愈要有的心理準備是：科科高分，不表示條條道路都能通達羅馬；漂亮分數，反而可能迷惑了視線，讓自己看不清、或錯過自己該走的方向。

對於能「拿高分」的孩子而言，有個最大的陷阱是，不小心誤以為「拿到高分」就已經達到目的，而自始至終忘了要好好面對自己、認識自己，從而看到分數背後代表的意義，做出適合自己的抉擇。

為了追求高成績的表現，勢必得犧牲很多東西，如睡眠、休閒、與親友的相聚等；但若是犧牲或是逃避掉的是「自我的認識與探索」，這筆帳勢必還是會在日後追加回來，並且，很可能加倍奉還！

將專業與才能對準職場

為了記錄同學們面對升學壓力的無奈，以及探索「為什麼要學習」這件事，楊逸帆從十四歲開始拍紀錄片，以七年的時間完成一部名為《學習的理由》的紀錄片。

他發現，有二〇％的國中生不知道自己人生的方向，八％沒有人生方向；但弔詭的是，此比例並未隨著年齡的增長而減少，反而上升。

高中以及大學生竟然有高達四十二％的人因為不知道自己未來要做什麼而感到痛苦，另外有六％認為做什麼都沒有意義。

這到底發生了什麼事？

或許孩子對真實世界愈來愈認識，因而體認到自己的不足，因此愈來愈務實，愈來愈沒膽作夢。但也有可能是，升學壓力與日俱增，孩子的心力都只放在計較分數「量」的變化，因此眼界愈來愈窄，而把最重要的「人生方向」拋諸腦後。

楊逸帆還發現，二十至二十九歲這個年齡層呈現出最高的失業率，占了總體失業率的五十二％，這意味著失業人口中有一半都是二十多歲的年輕人；而這些失業年輕人之中，竟然有四十二％是因為找不到自己想要的職業；還有三十三％因為自己的專長與技能與職業需求不符。

如果成績真的很重要，那麼，好分數，高學歷，不是應該擁有更多的選擇權嗎？怎麼還會失業？這是因為孩子不知道自己未來要做什麼，代表不清楚自己，也就是無法「知己」；到了成年，無法將自己所學運用到職場上，則代表一直都沒花力氣去搞清楚職場上真正的生態與需求面是什麼，也就是無法「知彼」。

「將自己的潛能對準真實職場世界」的探索過程，就是「生涯探索」，不僅需要「知己」，也需要「知彼」，才可能讓能力與職場之供需達到完美的契合！

分數背後，孩子「有沒有自己」？

孩子們，你們不見得最善於考試，
更不可能科科得心應手，
但求學過程中，一定要想辦法做最了解自己、接受自己，
且最善於運用自己的人！

我有個朋友的孩子從小名列前茅，當然高中也考上前面的志願，到了高三學測時，表現雖不算頂尖，但也不俗，然而在選填志願時卻跟父母幾乎鬧翻。

爸媽執意要他選電機、資訊系，但是他的分數搆不上台清交的相關科系，所以放棄。他的同學說他一向文筆不錯，建議他念文學院才是天命所在，但父母卻以未來沒有出路為由而全力反對。他看到親戚當律師的孩子頗有成就，又突發奇想改填法律系，但父母說他的個性根本不適合而作罷。

最終，這個孩子進了某國立大學的商學院。

從理工跳到文學、再跳到法學，最終落腳商學科系。一個人敢有這麼多選項，若非全能奇才、興趣廣泛，就是根本不認識自己，不知道自己到底要什麼。

這個孩子當然不是全才，而屬後者。但，他的志向漂泊不定是個特例嗎？

沒時間思考「為什麼要讀書」，只能想「如何能考更好」？

據了解，高中生至少有七成的孩子都搞不清楚自己未來的志向是什麼。往下推，心性更未穩固的國中生，能立定志向的更屈指可數了！

這就是為什麼會有天天在補習、根本撥不出時間練球的孩子會天真的告訴我，他將來的目標是進入ＮＢＡ當職籃隊員，因為他從沒有機會想過，一個職籃隊員的養成教育，絕不會發生在國英數學理化的補習班裡。

還有一位第一名的孩子說，他之所以發憤念書要考上第一志願，乃是因為爸媽答應要送給他最新款的iphone。父母投其所好，以iphone為餌，證明是最強效的特效藥。但是孩子拿到iphone之後呢？未來爸媽還要出什麼絕招？

更有媽媽看到我猛搖頭，抱怨上了大學的孩子夜夜上線打電動，日日晚起頻翹課，難道孩子所選非所愛，以致進了大學毫無動力？

不久前，我還看到了不可思議的新聞標題：「為什麼三十歲的人還在問到底該做什麼？」三十歲還是孩子嗎？三十歲的人生，還不屬於自己嗎？

以上所有現象的共同癥結就是：沒有人去思考自己到底為什麼要讀書！書讀得辛苦挫折的孩子告訴我：「K書都來不及了，哪還有時間想這些？」而考試的常勝軍則回答：「沒想過，反正成績還不錯，再慢慢來想吧！」

讓孩子師長瘋狂追逐的只有「要怎麼考得更好」的這個目標，雖然它很實際，但也很可怕，它讓考不好的同學不敢妄想自己的終極目標，又讓考得好的同學自我感覺非常良好，而忘了去思考最根本的人生目標問題。

生涯探索＝幻想→產生興趣→練習特定的能力→發展一技之長

因為關於「生涯探索」，從天馬行空的「幻想」，到「產生興趣」，到願意操練琢磨，再到發展成「特定能力」，最後構成一種具體的「職能」，絕非一蹴可幾，而是從兒童期開始，就得一點一滴去感受、醞釀、發展、調整、精進，然後願意不斷經歷「苦盡甘來的操練」才能達陣！

因此，父母在分分計較的同時，最應該思考的是：分數背後，孩子到底有沒有

「自己」？分數反映的是什麼樣的「自己」？

少年十五二十時，主司判斷、分析、思考的前額葉尚未發展完全，一下子要他們就弄清楚自己的喜好與潛能方向當然不容易，但不代表不需要開始。

我自己在自我摸索的路途上很晚才覺醒，如前述走了一些冤枉路，回首來時路，我發現「釐清自我」是一個漸進的過程，不可能突然覺悟。在渾沌不明中，建議父母可以利用以下幾種方式幫助孩子逐漸釐清自我：

- **不清楚自己「要什麼」沒關係，至少先想清楚自己「不要什麼」。**

知名部落客女王說自己在高中時對於未來也一無所悉，所以就使用「刪去法」，把不適合、不喜歡的先拿開。她知道自己對數學很不在行，所以放膽將理工、商學相關領域從她的人生目標中剔除。她最後就讀應用美術系，雖然沒有從事相關工作，但回首來時路，她高度肯定應用美術的訓練，因為對她整體生涯發展很有幫助。

- **不知道自己「最喜歡什麼」沒關係，先留下「不討厭」的。**

刪去自己絕不會考慮的領域之後，還要進一步縮小範圍，挑選自己「不討厭、可忍受」的領域，再針對這些領域進一步蒐集資訊、細細思量，或是與師長、相關領域的朋友討論。

● 「人格性向職涯測驗」八九不離十。

大部分孩子都不可能具有充分的實際職業經驗，因此科學化的數據能清楚勾勒出孩子潛能的輪廓。

學校都會進行人格性向與職涯的心理測驗，比如霍蘭德（Holland）人格與職業類型，將人格職涯分成社會型、企業型、事務型、實用型、研究型、藝術型六大類，每一類都對應相關的職業類別，值得參考。

● 認真觀察、用心感受、真心接受，比所有心理測驗更準確！

透過日日的陪伴觀察，父母很容易覺察孩子在空閒時最喜歡做什麼？最喜歡蒐集哪些類型的資訊？最擅長的科目是什麼？是內向或外向？是細心還是大而化之？喜歡接近人群，還是自己獨立工作。

吳季剛曾說：「在我『知道自己是誰』以前，我的家人就已經知道『我是誰』了。」這正是因為他有個深深了解並支持他的母親。

嚴長壽說：「上天是公平的，每個人都有自己的優點跟特色。做餐飲，你的味覺、嗅覺要很強；要當畫家，就不能是色盲；當外科手術醫師，手就要靈巧。有些人很挑剔，感覺不好相處，這種人就很適合做品管員、檢察官、稽核員，但不適合做業務，因為這些人看什麼都是負面的。看什麼都很負面的人，也可以去做民意代表……」

我也跟三個孩子說：「你們不見得最善於考試，更不可能科科得心應手，但求學過程中，一定要想辦法做最了解自己、接受自己、並且最善於運用自己的人！」

當孩子選擇「錢」途不佳的行業

即便父母能夠引導孩子「知己」，但是否都能做到「尊重」與「放手」？不少父母也曾跟我說：「興趣不能當飯吃！」，於是百般阻撓孩子選擇「錢」途不佳的領域。

感興趣的領域，若能苦心磨練，當然就能發展成一種「職能」；但若抱著平常心，也能成為陶冶生命、平衡生活的選項。

新世代對於職涯的選擇跟父母絕對不同，他們著重於「滿足自我理想」，他們的自我意識強烈，而且愈是受到阻撓，就愈要奮勇前行；個性強烈的孩子甚至不惜和父母撕破臉！父母不妨先抱著同理心，耐心傾聽他們的想法，但一定要提供實際的例子供他們參酌利弊得失。

若是孩子仍不改初衷，則只能樂觀以對，引導他們務實去設定短期、中期、長期的目標，一路上給予支持、鼓勵與祝福！

第一名，不是成功的保證

什麼是屬於孩子的第一志願？

我想，是清楚認識並接受自己真正的實力、能力與定位，並了解不是要爭「別人眼中的第一」，而是能達到「適合、並屬於自己的第一」。

這些，是我家老大教會我的事。

每個為人父母者都想要孩子進入人人眼中的第一志願，但豈可所有家長都能如願？這當然是天方夜譚！而三個孩子的求學歷程，也讓我深深理解，每個人都可以有自己的「第一」。

不補習，憑實力考取屬於自己的第一志願

大兒子考完高中時曾經謝謝我支持他國中「不進補習班」的決定，因為他就是

想要看看靠自己的實力可以進入什麼樣的學校。

他很誠懇地說服我：「在我的人生中，**我希望起碼要有一個階段是『完全靠自己』來為升學負責。『國中升高中』是最不具風險的階段，我想一試！**因為我覺得清楚自己真實的學業能力，比用盡各種方法進到夢幻的明星學校來得更重要！」

考前，老師預測他和好朋友們都應該都進得了所謂的前幾大明星高中。不料，結果卻是，好朋友們無一例外都如願考進前四大明星高中，只有他被排拒在外。雖然不無遺憾，但最後他被分發到一所風評還不錯、學風自由、學生活潑，但又不失紀律、學習風氣也不錯的社區高中。

我以為小子會讀得苦悶狼狽，甚至我自己偶而也有些悔不當初，自責當初應該賣力慫恿他去補習，或許今天就能進到排名更好的學校。

沒想到兒子讀了一、兩年之後，在偶然的閒聊中，他神采奕奕地告訴我：「媽，說真的，這所學校是我真正喜歡的學校，我覺得非常適合我，若是要我換學校，我絕對不會願意。我現在更確定，這所學校是真正屬於我自己的『第一志願』。」

從小子在高中熱烈參與社團、與同學互動良好、學習也算熱衷等各層面來看，我當然確信他說的都是肺腑之言，但絕對不表示當年在他接獲志願單、和同學相互比較時，我沒有一絲絲的失落與挫折感。

一切的安排，都是最好的安排！如今我確信，若非兒子升高中的境遇，我想他不會及早學到以下兩個寶貴的功課：

第一：清楚認識並接受自己真正的實力、能力與定位。

第二：人生不是永遠都要爭「別人眼中的第一」，而是能達到「適合自己、屬於自己的第一」。

我更慶幸的是，媽媽我在教養老大時就得此機會思考「什麼是屬於孩子的第一志願」此最重要的問題，我想未來我會更清明、更豁達、更輕鬆自在地面對老二、老三的升學問題。

被名校拒於門外的超級學霸

事實上，父母的態度比孩子更關鍵！往往一個分數魔人的背後也可能有一個更走火入魔的藏鏡人——嚴苛要求、過度期待的父母。

有一位署名曾小貓的作者就曾寫下她妹妹追求名校的慘痛故事。

曾小貓的小妹是個完美主義者，她自我要求極高，從小成績優異，總是全科滿分，永遠都考第一名，常當選模範生，她受到爸媽的寵愛，被認為是家裡的標竿與榮耀。

她對於父母的批評極度敏感，從不容許自己失敗，考試若沒拿到滿分，不及媽媽責備，自己已先淚流滿面。爸媽都為她感到驕傲，當然永遠也都用高標來要求她。小妹經常在考試或競賽前焦慮擔心，爸媽總是說：「沒問題，妳這麼棒，一定做得到。」

小妹國三時，資優保送中山女中，但爸媽都不滿意，堅持一定要上北一女。考試結果出來，竟然考得不如預期，沒能上北一女，她坐在客廳裡痛哭，媽媽也跟著落淚，直說：「怎麼會這樣？」最後竟然找了風水師，認為小妹的成績是受到風水影響。

作者後來移居美國，生孩子之時，父母由小妹陪同去探望她。作者多年沒見到小妹，卻發現對方已經不是記憶中的模樣，她經常心不在焉，莫名煩躁，當作者夜裡起身餵奶時，也經常發現小妹沒睡，呆坐在沙發上，不知在想些什麼。

原來，小妹高中畢業後順利考上台大，畢業後一邊工作，一邊準備出國留學。

據說她大學成績優異，留學考試也都考得很好，但最後竟然連一所學校都沒申請到，因此受到極大的打擊。

爸媽都敦促小妹再接再厲，但她出現的焦慮狀況越發嚴重，不知從什麼時候起，她夜不成眠，白天精神恍惚，終於無法正常的工作和生活。

媽媽對小妹失序和脫軌的狀況感到後悔，也常常難過流淚，但爸爸卻說：「她申請的學校間數太少，所以才會申請不到，這都是懶惰造成的，她就是一個失敗者！」原來，小妹只申請了哈佛大學等三所最頂尖的常春藤盟校，因為父母就是期望她讀名校。

作者曾試著扭轉小妹的觀念，告訴她，沒讀到常春藤盟校不代表失敗，比方說她自己唸的大學不是長春藤盟校，但也有很多大師級的教授。

不等作者說完，小妹馬上反擊：「那是妳，我才不要唸那種爛學校。」

作者看到自己的妹妹走不出名校的枷鎖，幾乎毀掉自己的人生，又無力幫助她，實在很痛心。

後來，作者力勸父母帶小妹尋求心理諮商，沒想到爸爸聽到後卻很生氣，因為他認為看心理醫師是家醜。數年過去了，小妹還是住在家裡，但經常關在房裡一整天，足不出戶，連爸媽都不敢去打擾她。

天性敏感的孩子，多半都非常在意爸媽的感受與看法，如同曾小妹，不知不覺中，她的人生觀就被塑造成「第一名、第一志願才是成功，其餘都叫做失敗」。然而，再優秀、再努力的孩子都有做不到的時刻，如果孩子已卯足全力，父母最需要做的，就是親子一起去認清、並接受孩子能力的極限。一再對孩子說：「絕對沒問題，你很棒，絕對做得到！」這絕不是鼓勵，只會成為敏感孩子無能排解的壓力源。

孩子能及早看清人生的遊戲規則「人外有人、天外有天」是幸福的事，**達不到自己本來就無法到達的目標，根本不叫失敗；能努力達到自己能夠成就的目標，就是自己的第一志願！**

面對失敗的勇氣

有一個小男孩幫媽媽抱著大西瓜，開門時一不小心把西瓜落在地上摔個稀爛，媽媽一看氣得半死，馬上送給兒子一大頓謾罵，嫌他笨手笨腳沒有用。這孩子把媽媽的每一句責罵都聽得仔細，但從此之後，小男孩儘管看到媽媽大包小包，卻再也不肯幫忙分擔，因為他害怕再次失誤。

對大多數的孩子而言，被父母念個幾句根本微不足道，但每個孩子天生的氣質不一樣，就是有天性敏感的孩子幾乎不容許自己出錯，更難以承受別人無理的指責。他們通常自律甚嚴、要求完美；而反映在課業上，這類孩子多半自動自發、有責任感、努力追求超高目標，父母不需要費心他們的課業，因為他們自己就是最嚴格的監督者。

他們不缺成功的經驗，但卻缺乏足夠的經驗學會與失敗和平共處。對於害怕犯錯、不敢失敗、自我要求極高的孩子，父母最需要引導他們確認這個事實：世界上沒有神人、沒有超人，人人都是凡人，所以都會有失誤、都會犯錯、都可能失敗！

提西瓜的孩子最後不想再幫忙，正是因為害怕再次失誤，失去勇氣；沒進到名校的學霸最後足不出戶，正是因為不敢面對自己終有極限。

而且，當這類孩子在成績上偶有輸人、達不到理想的時候，父母應該感到慶幸，因為孩子終於遇到他最難碰到、也是最不容易學習的課題——面對失敗！

如果孩子能及早認清在學習之路上，失敗的機會本就大於成功。多經歷幾次失敗之後，自然就能對失敗產生免疫力。

天賦論vs.後天努力論

當孩子努力用功卻考砸時，記得告訴他：「媽媽看到了你的努力，謝謝你！」因為「努力」本身就是價值，「願意努力」就值得嘉許。至於不太努力卻考得好的孩子，則宜平平淡淡冷處理。若真想送上獎勵，心意到即可，切忌大手筆，更不可直言誇讚他的聰明。

在一場小學的演講結束後，兩個媽媽私下跟我聊起孩子的讀書狀況。「每次要考試了，我看我家兒子都沒什麼在複習功課，反正大部分考得都還不錯，我就懶得管了！」一位家長說道。

另一位家長則一臉苦瓜臉：「我家孩子跟你們恰恰相反，她很認真、很用功，但是成績還沒妳家兒子好！」

從他們的對話，我可以做出幾點歸納：前者孩子應該天資不錯，也可能上課專注，所以上完課就能大致吸收，不需要特別費心複習。

後者孩子很用功，但是成績卻不佳，有可能是學習有瓶頸，或複習功課不得要領，當然也可能是上課不夠專心。

以成果論英雄，前者考得好，是否該獎勵？後者表現差，理所當然不該獎勵？錯！我跟第一個家長說：「恭喜你！生了一個聰慧的兒子，讀書事半功倍，比別人輕鬆愉快，是可以給他一個小小的獎勵，但請千萬別大大地獎勵他。」

我再轉頭和第二個媽媽說：「恭喜你！生了一個認份努力的孩子，雖然得不到相對應的好成績，但是妳不但不該責備她，反而應該鼓勵她！」

兩個媽媽瞪大了眼睛。

是，別懷疑！給第一個孩子小小的獎勵，是因為他的學習算是頗有效率；但不該大大的獎勵是因為他的好成績得來不費功夫。**天下沒有白吃的午餐，但是考試的經驗讓他大可顛覆這個邏輯，獎勵他的好成績，就是對他「無所謂的態度」大力按了讚！**

第二個孩子的爸媽更不該責備她，因為她不但沒有犯錯，反而養成了很難得的學習美德——學而時習之。**她願意下工夫、認真複習課業，長期來看，這「勤奮、自律、負責」的態度將能戰勝一切。**

與其相信天才，不如相信努力

小學階段的課業不論在廣度、深度上都很有限，人文科目多半以日常知識為基礎，數理科目也都是基本觀念入門，語文考試也只限於課本上的生字語法，所以試題大多沒有難度，只要有一定的資質、又認真聽講，並按時將作業完成，甚至無需做過多的課外練習，考試結果也不會太過離譜，特別是資質不錯的孩子，憑著一招半式都能拿到高分。

但此「無痕」的讀書經驗很可能為聰慧的孩子埋下一個大危機：正因為課業不難，所以根本沒有下苦工複習的必要，因此沒機會深刻體認到「努力用功」乃做學問的必要條件之一。

而一個願意用功，卻很難拿到好成績的孩子也有很大的危機，那就是很可能患上心理學實證過的「習得的無助」（Learned Helplessness）。也就是當孩子一次次投注心力、努力用功，卻一直換來爛成績，最後就會從累積的失敗經驗中，認定自己不論怎麼努力都是白費心機，因為根本無法擺脫失敗的命運。當挫折累積到一定的地步，這孩子將不再相信「努力用功」會有任何價值，終於哀莫大於心死。

隨著中學課業逐漸繁重，聰慧的孩子就會發現徒有聰明已不靠譜，而一路以來又沒能及早養成端坐耐煩的用功習慣，這將讓他對於繁複的學習內容失去耐性，最後可能因成績下滑而對學科產生反感。

反之，能及早養成讀書與複習之好習慣、並持之以恆的孩子，反而能從長期累積的經驗中去思索自己的學習問題。只要對症下藥，調整學習模式，這類孩子慢慢就能追趕上來。

天分 × 努力 ＝ 技能

技能 × 努力 ＝ 成就

這是麥克阿瑟天才獎得主安琪拉．達克沃斯（Angela Duckwortht），在長期研究人生成功的究極能力後所得出的公式。顯示有天分的人，若願意努力就能得到一定的技能，而以此做基礎再繼續努力，才可能達到成就。

在以上的公式裡，「天分」這個元素只出現一次，但是「努力」此元素卻出現了兩次。

她認為：「任何領域都可以找到沒什麼天分、但卻很卓越的人物，他們的優秀是透過努力而成就的，他們是『逐漸』變成天才的。」

至此，你覺得天分重要？還是努力重要？還是兩者都重要？

我的孩子們是努力的地才

關於讀書，我家三小子都不具渾然天成的天分，也就是他們從來不曾嘗過「不需努力就能贏得好成績」的好康滋味，資質平凡的他們甚至「一分耕耘」還不見得能獲得「一分收穫」！身為媽媽的我，每每看到成長中的三個少年在面對考試時戒慎恐懼地埋頭苦讀，卻不見得有高人一等的成績時，心裡都很掙扎，更是為他們心疼、叫屈。

不過，正是因為他們的資質平凡，才能及早把焦點放對地方：要「努力」，而非靠「天資」！

努力用功的孩子卻考砸了，怎麼辦？溫暖的抱一個，然後告訴他：「天底下本來就是『努力也不見得一定能成功，但不努力絕對不可能永遠成功』。媽媽看到了你的努力，謝謝你！」孩子聽了會持續秉持「努力」這個核心價值。

「努力」本身就是價值，「願意努力」就值得嘉許，就應該被獎勵！

至於不太努力卻考得好的孩子，該怎麼應對？當然最好的方式就是平平淡淡冷處理。

若真的忍不住送上獎勵，則心意到即可，切忌大手筆，更不可直言誇讚他的聰明。奉上獎勵時，跟孩子開個玩笑吧：「其實爸媽的獎勵不是送給你的，而是送給考試時剛好經過你身旁的『幸運之神』，讓沒有努力的你僥倖得了好成績，下次考試時，若『幸運之神』沒來光顧，記得幫我跟他要回禮物喔！但是如果下次我看到你自己願意用功努力，我就把獎頒給你。既然是頒給你，而不是給『幸運之神』，爸媽就會頒給你更棒的獎！」

孩子考砸了，父母該怎麼做？

當孩子考差時，說完全不在意的爸媽絕對是騙人的；但是，我們可能不知道，孩子比我們更在意、更難過、更憂心。

此時，孩子最不需要的，就是更加重他的難過與憂心；他最需要的是默默的同理與靜靜的陪伴，他甚至不需要父母刻意製造安慰之詞。他更不需要斥責與貶損，因為如此做，他將不只輸掉成績，也必將逐漸輸掉自己的信心。

他尤其不需要被拿來和別人比較，因為他將會認為爸媽愛「分數」遠遠勝過愛他，這會逼使他將來避免和爸媽討論任何有關課業與成績的問題。

華人的教育只看重成功，難以接納失敗，只知道教導孩子成功之道，但卻不知道如何引導孩子處理失敗，因為可能連父母都不知道如何面對失敗，更何況面對自己苦心栽培的孩子的失敗。

孩子考差的當下，父母不只要有很強的心臟去接受，還要有一只「安靜的嘴」及「淡定的臉」，不多說什麼，不評價什麼，也不急著教導什麼，一切如常，給孩子喜愛的食物，靜靜的陪伴，孩子當下需要的是「平和消化情緒的時間與空間」。等孩子走過低點，再找適當的時機與孩子理性討論問題點以及思考如何進步的具體作法。

3

讀書，終究是孩子自己要承擔的責任

媽媽要不要當書僮？

孩子永遠是學習的真正主角。

學習效能好，應該是他們自己感到高興；

學習效能差，他們的憂心當然必須多過於爸媽；

如果父母的責任與得失心都比孩子來得強烈，那這樣的投入就必定大有問題。

到底要不要介入孩子的讀書？要介入多少？要介入到幾歲？

有位媽媽很瀟灑地跟我說，她認為孩子一進入小學，學習就應該是他自己的事，為了讓孩子學習自我負責，她決定不介入孩子的學習；為了讓孩子清楚自己的學習狀態，同時讓老師能掌握到孩子最真實的學習狀態，她也不打算檢查作業。

完全交由孩子對自己的學習與課業負責，孩子就真能自我負責嗎？這樣的作法真的能讓孩子進步嗎？

針對這個問題，我們來看看一位全球知名的老師怎麼想？

自主學習≠獨自學習，放牛吃草是下策

強調創新教學、塑造自由學風的克拉克學園創辦人，也是《優秀是教出來》一書的作者隆．克拉克曾分享過一個案例：

許多科目都不及格的喬幾乎都不寫功課，是個學習落後的學生，於是老師與他的父母溝通，希望他們能確定喬每天都有唸書，幫助他使用學習指南、複習筆記，並且製作生字卡。關於喬的學習，親師必須一起努力。

但幾個月過去，喬的成績依然落後，因為以上的事情，喬的父母一樣也沒貫徹，卻直率地回答克拉克老師：「我們並不擔心，因為我們知道他一定沒有問題的，我們把這件事情交到上帝的手裡，我們會禱告。」

喬的父母始終相信孩子自己會得到教訓，自己會想辦法，自己終究會有所突破，甚至認為上帝會給予祝福。然而事實不然，光靠喬自己的力量，不但沒有絲毫進步，反而愈來愈落後。

所有的老師都希望教會每一個孩子，但光靠老師一個人的苦口婆心絕難達成任務，認真的老師還需要願意一起合作幫忙的父母，才能將學習落後的孩子拉拔

上來。

這個曾榮獲全美最佳教師的老師下了結論：「若想孩子成功，父母就得做好長期抗戰的心理準備。」他希望父母也能投入，因為唯有父母一起進入孩子的學習狀況中，才知道怎麼幫助孩子；也唯有父母願意伸出援手，孩子的問題才可能被貼近的處理，有機會進步。

克拉克不否認有些孩子完全不需要家長的關注，但仍能保持亮眼的成績；只是對多數孩子而言，若是父母常常在狀況之外、放牛吃草，孩子成功的機率就微乎其微。

「最棒的家長都明白，為了孩子著想，勢必得有所犧牲。這些家長知道，沒有任何電視節目，會比花一小時陪孩子念書、檢查作業，或陪陪孩子玩大富翁重要。」他說，「在孩子的生命中，父母的重要性無人能及！」

而他也證實，只要家長願意採納學校老師的建議，通常孩子無論在課業或人際關係上，都會呈現大幅進步！

採訪兩百多位優秀青年家庭教育所匯集成的《一流的教養》，書中也明確地做出結論：「自由放任孩子念書的教育方針並非對所有的孩子都有效。」該書所做的問卷中，得到最多的回答是：「比起強迫孩子念書，讓孩子自己作主會比較好，但『普通孩子的父母』萬萬不可囫圇吞棗接受這樣的說法。」

作者金武貴回想自身的成長經驗也感嘆道：「我的個性放浪不羈，讓我自己作主，是絕對不會念書的。」他說當時他完全不了解「為什麼必須念書」、「為什麼應該要念書比較好」。

可見得，**關於孩子的學習，「放牛吃草」的方式對多數孩子而言，絕對是一個下策。**

你誤以為自己是學習的主角嗎？

成長中的孩子缺乏分析未來的能力，沒有遠見，這完全合乎常理。美國國家衛生研究院曾利用核磁共振掃瞄了一千八百名青少年的大腦，驚訝地發現他們的「前額葉皮質區」竟然還沒有長全，而這個區塊專門負責分析事理、組織想法、並權衡行動，被稱作「大腦的CEO」。

這項結果可以充分解釋為什麼許多青少年根本沒有預見行為後果的能力，因此他們當然不會思索「今天的好成績」對未來會有什麼幫助，眼裡只會看見讀書的無聊與壓力，於是想辦法偷懶，逃避責任。然而等他們長大，能想通事理時，已經錯過了很多機會，為時已晚。

因此，在孩子混沌的成長期，父母當然有責任補強孩子大腦未完全的功能，需要在一旁耐心的引導、分析事理、教導、監督，責無旁貸。

東方父母深諳此理，但是，卻又出現了一批熱切過頭的父母。像是虎媽蔡美兒就明白告訴大家：中國家長每天花在陪子女做功課的時間是西方家長的十倍，因為中國家長認為，孩子得A^-就是壞成績；此外，孩子的數學程度也起碼必須超前同學兩年。

事實上，不少亞洲家長都像虎媽一樣，一旦投入孩子的學習，往往發瘋般地走火入魔，落入軍備競賽模式，他們總攬孩子所有學習的大小細節，承擔孩子所有的成敗得失。有些父母在要求孩子勤加練習時，開頭都是跟孩子這麼說的：「幫『我』做一件事…」、「『我』要你……」儼然把學習的主角易主——是「他」自己，而非他的子女。

完全無視孩子為學習的主角、擁有獨立人格的介入模式會造成什麼結果？《爬上常春藤：培養名校生的十七個秘訣》一書寫了一個令人難過的案例。

移民美國的韓裔宋先生和宋太太，為女兒珊蒂訂定了非常緊湊的生活表，每天清晨五點半起床，六點至七點由爸爸陪伴做進階數學練習。一放學，宋先生就接女兒到自己的店裡做功課，晚上則要花費數小時繼續指導女兒做數科習題。

他們嚴格執行每日的行程表，絲毫不准珊蒂懈怠。曾經有一次為珊蒂舉行生日派對，兩個小時一到，宋先生不管三七二十一，就把一大群孩子通通趕回家，原因是珊蒂接下來必須完成排定的數學作業。

在宋先生的用心栽培下，珊蒂也不負期望進入常春藤名校就讀。

但這個故事並沒有完美的結局。

從來沒享受過自由、很少盡情玩樂的珊蒂，少了父親的盯哨，便像是脫韁的野馬，開始到處參加派對、盡情享樂，和各種朋友廝混，甚至吸毒，最後因為成績太差而被取消獎學金。惡性循環之下，她對學習愈來愈沒興趣，也失去信心，最嚴重的是，她和父親的關係變得極度惡劣，最後形同陌路。

這個真實案例反映出父母在陪伴過程中最容易出現的盲點：把自己當成學習的主角，而非孩子自己；只在意最後的學習成果，而忘記孩子是否擁有自主的學習動機與樂趣。

至於蔡美兒的「虎媽教育法」，用在乖巧的第一個女兒完全奏效，大女兒的表表現傑出、亮眼、閃耀；但用在剛烈的第二個女兒身上，卻完全失控走樣，母女天天吵到天翻地覆，最後虎媽也只得妥協，讓二女兒按照自己的步調做事，決定自己的事情。

而我自己對三個孩子呢？每個孩子的個性不同，我投入的方式當然必須不同，陪伴的程度不同，介入的深度更不同，但最重要的關鍵是：**我絕對不橫刀奪「愛」。這個「愛」，是他們自己對學習的熱愛。**

我必須謹記在心：孩子永遠是學習的主角。學習效能好，應該是他們自己感到高興；學習效能差，他們的憂心當然必須多過於我；如果反過來，我的責任大過孩子，得失心也強過孩子，那關於我的投入就必定大有問題。

要陪伴，不要過度干涉

每個孩子的個性都不同，父母需要陪伴孩子讀書的方式與目的也就不同。

散漫的孩子若由父母稍加權威式的主導，或許能有明顯的進步，但不見得學得會「自我管理」；順從的孩子會乖乖遵循父母所有的安排而毫無怨言，但一旦離開父母的視線，也許會頓失所依，毫無自我主張；而個性強烈的孩子則根本不願意順服父母任何一個指導棋，或許反而走上「為反對而反對」的自毀之路。

這些問題的癥結，都在於父母介入孩子學習之時，沒有把孩子當成「第一主角」。

關於孩子的學習，父母當然必須陪伴、守候與輔佐，但請經常檢視自己陪伴的目標。

一、幫助孩子及早養成良好的學習習慣、妥善規畫生活作息、有效能的使用時間，並維持到長大成人。

二、「想辦法引發孩子的學習動機」絕對勝過「維持漂亮的成績」，如此才能讓孩子真正的自我學習。

三、常常檢視自己是否能讓孩子感受到學習的樂趣與成就感，並擁有學習的信心。如果已經嚴重抹煞了孩子的學習樂趣，不如不介入，另外再想更好的方法或人選來幫助孩子。

四、最終目的是培養出能自我學習、自我管理、自我負責、擁有人生目標的孩子。

「漸進式放手」的功課監督法

教育孩子是長遠大計，是馬拉松，不是百米賽跑，不該只短視的追求高分名校，而犧牲了孩子摸索「學習」的良機。建議爸爸媽媽在中年級以後就要開始有計畫地逐漸放手，將讀書方法有計畫地「技術轉移」。

「如果孩子老早就學會了，我不覺得孩子一定要寫回家作業！我對我的孩子就是如此！」一個年輕媽媽曾在我的演講中非常堅定地表達此立場，因為她認為童年時光極其珍貴，大可不必把時間花在重複練習上，因此她曾幾番跟班導溝通。

最後導師願意讓步，只要這位媽媽確認孩子該會的生字都已經會寫，那生字本就可束諸高閣，或者至多寫一遍即可。

培養靜心學習的習慣，從自小認真寫功課開始

在當下，我雖沒有立即反對對這位媽媽的想法，但仍抓緊機會大力宣揚「按時寫回家功課」有下面幾點好處：

- 除非老師功課出得明顯過多，否則每天完成合理的功課份量，能讓孩子從小養成「對自己分內工作負責」的基本態度。
- 每天不間斷地在「固定時間」寫作業，並在「固定時間」內完成，能從小養成「固定的作息」以及「每日不間斷學習」的習慣。
- 讓孩子始終和其他人擁有相同的責任和權利，才可能養成「認份」的態度，不會隨意合理化自己的「特殊待遇」。

事實上，一般小學中低年級的功課份量不會太多，至多一個多小時內就可以完成，高年級的課業雖變得深難，但應該一小時半至兩小時之內也能完成。寫家庭作業，當然目的是為了即時練習、加深印象，但最大的好處是**養成孩子「每日在固定時段靜下心來學習」的習慣**。

為什麼不少孩子在進入課業更為艱澀的中學時期時便無法靜下心來久坐溫書？

正是因為小學時期根本沒把基本習慣養好。

在上一篇文章中提到的隆・克拉克，就曾列出了五十五條超基本的班規，其中第十六條就是：每個學生每天都要交每一科的家庭作業，沒有例外。他特別強調「沒有例外」。

盯好讀書習慣，請在十歲前

《教出錄取哈佛、史丹佛七大名校女兒的教養祕笈》的教養名人梁旅珠更毫不隱瞞地說，自孩子上小學之後，她盯得很緊，從小一開始，每天晚餐之後，她就會要孩子拿出聯絡簿，看看有什麼功課，然後規劃寫功課的程序。

「我認為小一很重要，是習慣養成的關鍵期。所以從小一開始，我就盯得非常緊，這是為了讓孩子養成習慣，習慣了，他們就會一直這樣去做。」，「利用長期的反覆操作形成他們的慣性，讓他們學會專心和時間控制。我不希望他們邊寫邊玩，會盡量幫忙約束他們集中精神，功課寫完，休息時間再好好玩。」

但是，這樣隨伺在側，要盯到何時呢？

有一年開學時，我帶孩子到參考書專門店去選購自修時，有位爸爸一口氣拿了好幾個版本的高中參考書去結帳，老闆很好奇，就跟他聊了起來，我在一旁當然也不由得側耳傾聽。

原來，這個看來挺有學問的爸爸會先把每一個版本都讀過，然後彙整出一個最佳版本，每天親自為孩子提綱挈領。當下，我佩服得五體投地，同時也自慚形穢。但是，在回家的路上，我細細思量，孩子不是已經高中了嗎，爸媽還需要這麼辛苦的幫孩子讀書嗎？這樣的做法如何引導出一個能獨立自我學習的孩子呢？難道孩子上了大學，爸媽還要幫忙做筆記、天天叮嚀讀書嗎？

沒錯！就有某大學的教授曾經在一開學時便開宗明義聲明：禁止父母在教室旁聽幫孩子做筆記。如果教出一個成績優異但沒辦法自主讀書、獨立做學問的孩子，父母能高枕無憂嗎？

將讀書法「技術轉移」，逐步放手

教育孩子是長遠大計，是馬拉松，不是百米賽跑，不該只短視的追求高分名校，而犧牲了孩子摸索「學習」的良機。

父母指導孩子功課的過程，要時時問問自己：我在送魚給孩子吃？還是教他怎麼釣魚？什麼時候不該再捧上魚塞給孩子，而是讓他自己找魚吃呢？也就是梁旅珠所說的，**要逐步做到讀書方法的「技術轉移」。中年級以後她就開始有計畫地逐漸放手。**

關於讀書方法的教導和傳授，以下就是綜合許多過來人的經驗法則。

•低年級：一起規劃，使用計時器，建立時間感。

從一年級開始，就應帶著孩子一起討論每天的行程安排，指導孩子使用「計時器」來感受時間的流逝，孩子就會學著估算自己每一樣功課需要花費的時間，以及如何安排時間。

•中年級：開始訓練孩子做「週計劃」、「日計劃」。

有了低年級按表操課的好習慣以及建立好的時間感，中年級就很容易引導孩子自己做計劃。將每天做功課、複習課業、練習才藝、閱讀及自由運用的時間估算清楚，再以白紙黑字寫下來，然後依據孩子的學習需要，和孩子討論每天額外的學習計畫及複習科目，並且固定下來。

比如，週一到週五每天固定練習數學二十分鐘，課外閱讀三十分鐘，其他科目又該如何安排。討論後，請孩子自己試著做出「週計劃」。

● **高年級以上：讓孩子自己掌握有效的讀書方法。**

陪伴高年級孩子讀書時，不是只有「一個口令、一個動作」的單純陪伴、監督與加強教導；更重要的是，一定需常常引導孩子去思考該怎麼進行每一科的複習工作。例如可以常常詢問孩子：「依據之前媽媽跟你一起讀書的經驗，你覺得該怎麼複習？」、「先進行什麼部分？然後呢？」

如果孩子能夠很有條理地說明，不妨就適度放手，告訴孩子：「既然你知道要怎麼複習，那這個部分請你試著自己來研讀。」並且和孩子約定好要在一定的時間內完成。

剛開始時可以做「驗收」的工作，也就是考核孩子，以測知他自己複習課業的效能以及細膩度，以便找到他還需要協助的地方。如果驗收之後發現孩子仍不上軌道，那就要再回到陪讀引導的階段，讓孩子操練複習的步驟。而驗收的範圍也必須縮小，隨著進步再逐步放手，並擴大範圍。

● 當孩子反叛，就不適合再介入。

從低年級循序漸進的陪伴、監督引導孩子讀書，孩子一定會有一天開始非常厭煩父母的陪伴與介入，這是他們隨著身心成長、邁向獨立自主的正常現象。此時，家長勢必要調整心態與做法，而不應把孩子視作叛逆、不聽話。

如果孩子已經練就規劃能力以及養成讀書習慣，父母就要放開心讓他嘗試自己讀書，即使成績偶而起伏，也要以平常心看待這整個自我操練的過程。但如果孩子的讀書習慣不穩固，讀書方法也還有盲點，但又已經進入反叛期，那麼最好的辦法就是適度借助外力，補習或是請家教。

如果父母執意不放手，那麼關於讀書這件事，必定將成為親子衝突的大根源。

● 分段式的功課檢查法：從小到大、由緊到鬆，由細密到粗略。

比如低年級從一行作業檢查一次、到半頁檢查一次，再到一頁檢查一次，再進展到一樣功課檢查一次，最後是全部寫完再一起檢查。到了國中八年級之後，則應不再幫孩子檢查功課。

該複習的功課，從全程的陪伴叮嚀教導，到一小部分驗收一次，再逐步擴大範圍，最後觀察孩子獨立自主的發展程度，最終應全然放手，從「教導者」變成孩子的「顧問」。

對於讀書習慣的建立，我認為以下三點是很不錯的參考方向：

- 即使再沒天分、再不喜歡念書的孩子，在他十歲之前若能激發讀書意願、幫助他建立學習習慣，都會比往後再來傷腦筋來得輕鬆容易。
- 想要建立好習慣，一開始若不嚴格而有效地執行，是無法培養的。
- 採行「漸進式放手」法則最為有效。讀書終究是孩子自己的事情，即使青春期以後的孩子在自我摸索中成績起伏不定，都勝過父母焦慮地過度介入。

把對孩子的期望值，調整為容易達到的標準

十個父母有九個教起自家孩子功課都會抓狂。這正是因為我們關心自己的孩子、愛他們、希望他們成功，所以抱有一定的期望值。當我們很努力教導孩子，孩子卻學不會、學不好，或根本無心學習時，就會動怒。

但是我們絕對不可能拿掉對自己孩子的期望，此時，就要想辦法把「期望」變得容易達到。

以下有幾種建議法。

一、不要一次塞太多內容。

把大範圍拆開，分成幾個小範圍，一次完成一部份，當一個一個小目標依序被攻克時，親子雙方都能感受到成就感；反之，過大過重的學習內容，會讓父母焦慮，而這樣的焦慮必定也會感染給孩子。

二、精神好的時候，先做困難的功課。

愈困難的功課，愈要排在前面先做，因為孩子精神差的時候會很難專注，自然吸收力就差，此時最容易激怒父母，所以趁孩子精神最好的時候先研讀困難的功課。

三、讓孩子跟自己競賽，父母訂定合理的期待。

為什麼父母很容易生氣？因為在父母眼裡雖然看到的是自己的孩子，但心裡卻會不自覺和其他更優秀的孩子做比較。明知每個孩子都有自己的侷限，從孩子平日的平均表現，父母也絕對可以推估其表現水準，但卻很難誠實面對，因而對孩子抱以不切實際的期望。

希望孩子更好無可厚非，但最好的期望值是：孩子能夠達到的水準再往上加一點點即可，這能激勵孩子持續突破，但目標又不至於遠在天邊，一旦當孩子有機會達到新高點時，就會不斷被激勵去嘗試追求自己的最佳表現。

如何讓孩子自動愛上讀書？

如果讀書這件事，不是出於孩子的自願，
那麼再多的壓制與強迫，都不會產生任何正面的效果，只會引起反彈。
從幼時就不斷引發孩子的好奇心、求知慾，並誘導他親近文字、喜愛閱讀，
是為孩子往後願意認真讀書奠下最棒的基礎。

對於怎麼都不肯用功的孩子，如果父母成天到晚叫他「快去念書」，到底有沒有用呢？

以阿德勒心理學做理論依據的《不教養的勇氣》作者岸見一郎明明白白地表示：絕不可能突然就能改變孩子！

「念書＝痛苦」的制約反應

父母叮囑孩子「快去念書！」，在某個程度之內的確會有提醒作用；但若是過於頻繁，超過了動機刺激的頂點，就會讓孩子焦慮厭煩，最終一聽到這句話反而不假思索的反彈，因為父母急急如律令的叮嚀已經讓他們將「念書」和「痛苦」畫上等號，還沒打開書本，就直想辦法推拖逃避。

所以，不斷叫孩子「快去念書！」確實於事無補，反而會趕跑孩子的讀書意願。不少孩子一聽到父母叨念就會反射性的頂撞：「你愈唸我，我就愈不想念書！」此言並非氣話。

在之前曾提到的《一流的教養》一書中，不少韓國的菁英學生都明白表示，**他們最感謝的就是爸媽不太會嘮嘮叨叨叫他們「快去念書」**；針對日本東大高材生的調查也有相同的結果：父母不會太過頻繁地叮囑他們念書。

出於自願與興趣，才可能產生有效的動力

「學習有樂趣、有成就感」最能讓孩子自動自發的讀書。然而，進入到高年

級、國高中之後，即使學習再有樂趣，學習的胃口都難免被艱難的內容與接踵而至的考試所破壞，所以師長無不想方設法，多管齊下，只要能提振孩子的讀書動機都是好方法。

即便如此，根據研究，在尚未進入升學壓力之前，孩子若是能經常感受到單純的求知樂趣，在進入中學以後，確實會比較願意親近書本，產生讀書的動力。

因此，**從幼時就不斷引發孩子的好奇心、求知慾，並且誘導他親近文字、喜愛閱讀，是為孩子往後願意認真讀書奠下最棒的基礎**。

一旦進入高年級，孩子願意用功讀書的動機就變得更加複雜多元。有些興趣特定的孩子對某些科目有強烈的求知慾，自然而然就能產生學習動機；有些好強的孩子則會鞭策自我乃是基於榮譽心、不服輸的心態；有些孩子則可能希望獲得父母持續高度的關愛而用功；有些孩子則會為了得到同儕的友誼而持續努力。

以上的動機有的根本與求學的目的無關，甚至可以說只是短視近利。但不論孩子的動機為何，我們發現都有一個共同點：**都是出於孩子自己的意願**。

引導孩子找到讀書的理由

為什麼要讀書？在孩子有限的人生經驗裡，這個問題非常抽象而遙遠，你跟孩子說「是為了讓人生充實有意義」，或者非常務實的讓孩子提前認知到「社會取用人才的殘酷面」、「擁有學習力對往後進入社會有絕對的優勢」，孩子可能根本沒興趣聽，甚至也聽不太懂。

於是，為了達到立竿見影的效果，父母只好採取非常手段——紅蘿蔔與棒子，也就是獎賞與處罰。孩子會為了得到獎賞而讀書，也會因為害怕受罰而不得不用功，但是當孩子因而願意用功、也得到好成績之後，父母千萬要持續引導孩子去思考「為什麼要讀書」、「為什麼讀書對未來的人生很重要」這些最核心的問題，因為唯有釐清目標，孩子才可能持續不斷的努力。

畢竟，隨著孩子逐漸長大而有自己的想法與目標，總有一天，再多的獎賞或再嚴厲的處罰都將不再奏效！

讓孩子自己想通，是場長期抗戰

我有位親戚的兒子，在國中時只對一件事情有興趣，那就是打籃球。每天一下課就迫不及待衝到操場，打到天色昏暗還捨不得回家。

在平常詢問孩子課業的對話中，這位爸爸當然清楚兒子根本連書都懶得碰，他看在眼裡也非常憂心。但是他非常清楚，說得再多、罵得再兇都沒有用，因為眼前的兒子只聽得進與「籃球」有關的事情。

他說：「我非常清楚，罵他、逼他，只會讓他覺得讀書就是件很痛苦的事，一點效果都沒有，只會把青春期的孩子愈罵愈遠，所以我不斷提醒自己一定要忍住，但我總是會找機會和他分析『讀書與不讀書』的現實差別，其他講再多真的一點用都沒有，我只能默默等他自己想通。」

當然，這個孩子考高中時考得糟透了，放眼望向身邊的同學，他便不免自慚形穢起來，爸爸過去理性的分析此時自動地跳了出來。想著別人或許都擁有燦爛的未來，他開始為自己擔心起來。

於是進了高中之後，不待任何人催逼，這孩子完全大轉性，每天一下課就鑽到圖書館裡讀到筋疲力竭才回家，最後，他考上一所還不錯的私大；而進入大學之後，他又發現大家都來自排名不錯的高中，這更促使他自我鞭策不能停止努力，甚至期許自己要更上一層樓；大學畢業後，他又考進了一所非常優質的公立科技大學研究所。

有多年輔導青少年經驗的暢銷作家盧蘇偉，在讀高職時喜歡上寫作和哲學，所以決定要報考大學的哲學系。但沒想到聯考卻一再挫敗，竟然七年內考了五次才考上。支撐他堅持下去的最大力量，就是「自己想要」，因為他對夢想有極強大的執著。

他說：「我不只是『想』，而是『我一定要做到！』，我為我自己出征，我為我自己的夢想在打拚。」

獎賞或處罰，或是為了贏得父母或同儕的關注，都可以非常有效的誘發孩子用功讀書，並展現強勁的毅力，但若是沒有好好去理解「為什麼」，只是一味死命的拚成績，即使考上好大學，也很可能彈性疲乏，或是因頓失目標而失去讀書的動力。

如何助孩子讀書一臂之力？

孩子不愛主動念書，該怎麼辦？以下幾點，是爸媽能夠做的。

一、父母身教。

如果父母能以身作則，將會比用嘴巴強迫來得有效果，熱愛學習的父母，絕對能帶動孩子也投入學習；喜愛閱讀的父母，孩子自然能受到潛移默化。

喜愛學習與思考的父母還有一個非常值得借鏡的地方，就是常常會問孩子問題，以刺激好奇心、思辨力、求知慾，自然而然就帶動孩子的學習力。

二、打造適合學習的環境。

除了展現榜樣，父母還需要為孩子打造一個能安於學習的環境，比如能安靜端坐、不受資訊產品干擾的書房、無多餘物品的桌椅。

同時，全家若能每天在同一時段一起專注讀書，由整體情境來帶動孩子，自然能養出孩子的好習慣。

三、與同學一起努力。

有些孩子無法久坐讀書乃是因為耐不住孤單寂寞，幫這類孩子找到讀書動機強烈的好朋友，一起做功課、彼此激勵，會是好方法。

我家第三個小子從中年級開始，每週三讀半天時，就會號召四、五個同學來家裡一起寫功課。為了能爭取更多玩樂的時間，他們會彼此叮嚀要儘快完成作業，而且寫完之後還會彼此對答案，看看誰能全對、誰又錯得多，無形中塑造出一股彼此督促的作用。

沒想到在好幾次考試中，這幾個一起讀書的孩子都考得很好。我私下偷偷打聽才知道，原來每個人都很怕丟臉，擔心自己會成為這群學伴裡表現最差的一個，所以都比以前更加用功。這結果真是出乎我的意料之外！

爛透了的成績，反而讓大腦活起來

如果不是考卷上被打了那麼多個「×」，
孩子也不會有機會思考並解決「考不好」的問題。
這就是他們需要的當頭棒喝，
也是讓他們能痛定思痛、自我檢討的轉捩點。

孩子總會有考壞的時候。當成績不理想時，我們多半一看到考卷，就會忍不住跳進錯誤裡，一題接一題地幫孩子檢討起來。

或許我們分析得精準無比，講解得鞭辟入裡，但是真該如此積極進取的主角可不是我們父母，而是孩子自己。只有經由孩子自己苦心思索，才會歸於他自己所有。讓孩子自己想，自己講，他們才會記住自己的錯誤。

考壞了，親子共學「接受、面對、處理、放下」四步驟

有一次，就要期中考了，當時念五年級的小兒子，那一週在學校每天都有複習小考。某天他回家後攤開一張分數有點嚇人的數學總複習考卷給我簽名。在我還沒來得及看清楚考卷分數和錯誤時，小子就先慢條斯理的發表了一場「收驚演說」：

「馬麻，這張考卷是老師自己出的。第一，有兩面，題目非常多，要在一節課裡寫完，所以時間非常的趕。第二，題目都比一般統一式的考卷更難，我沒有那麼多充裕的時間可以思考。第三，因為題目多、時間趕，又有新的題型，所以當場我有點慌張，連原本會的都粗心弄錯了。這就是為什麼我考不好的原因。」

小子鎮定從容又不帶任何羞愧的神色果然奏效，媽咪我一時之間語塞，原本那可怕的分數應該會引發的肅殺僵凝氣氛，得不到任一丁點孳生的空間。

小子得以順利地繼續分析：「馬麻，你能不能幫我找到更多不同的題型，但是不要再給我計算題，或是很多很煩的數字，我的計算能力已經很ＯＫ。我現在的問題是，我一看到沒有看過的題型就會緊張，然後就以為自己不會。其實，我事後看看，再冷靜想一下，就想出來了，只是，看過的題目不夠多，因此我會愣住，腦筋立刻打結，沒辦法一下子反應過來，我需要一些題目來刺激我快速的思考。」

以往，類如此番頭頭是道的分析似乎是媽咪我的工作，也就是看到孩子的「學習問題」後，總是順理成章地就跳進問題裡，不假思索地幫他們思考起解決之道。

但這一次可不同，小子自己分析完問題的癥結點之後，已然進入了「思考對策」的層次。既然他已把媽咪我慣常愛撿來做的工作全數表達完畢，而且條理分明，也就是該檢討的，都被檢討完、也清楚地做了結論，我當然就只有平靜地做一個「乖乖簽字」的簡單動作。

簽完字，心裡想，這小子高招啊！那麼爛的分數，竟然還可以把媽媽的毛梳得服服貼貼，完全堵住我任何一個可能動怒的氣孔。

不僅如此，這張不忍卒睹的考卷、令人心碎的分數，透過兒子懇切的自我表述，親子雙方還一同經歷了「接受、面對、處理、放下」此完美解決問題的步驟。

每一個「×」，都是孩子學習負責與解決問題的起點

在體制內求學，不論小學、國中、高中，天天都得面對分數。事實上，沒有孩子完全不在乎分數，對於自己考砸了的可怕分數絕對不可能不痛不癢，特別是已經努力用功卻仍舊得不到好成績之時，必定會感到相當失落，這是人之常情。

此時，千方百計告訴孩子，不需要那麼看重分數，對撫平他內心的失落，不會有太多的助益。而當下求好心切地百般責問，親子關係更會隨著爛分數一同被埋葬！

粉飾太平地忽略孩子的感覺，不如正視孩子的感覺。而孩子情緒上的模糊感覺若是能化為具體的思考分析、思索對策，才是具有意義的感覺。

這次，小子問了「自己」為什麼考不好？然後由「自己」一一把問題找出，接著，再問了自己：「該怎麼辦？我需要什麼協助？誰能幫助我？」

看到這個層面，頓時間，我覺得考卷上處處被打著的大「×」都在發亮！如果不是被打了那麼多個「×」，孩子就沒有機緣去思考自己的問題所在；最重要的是，他得到了機會去練習細膩的思考問題，分析問題，並且進展到「解決問題」的層面！

在我看來，孩子能冷靜地問自己問題、找到自己的問題，並且思索有效解決問題的策略，可比得到漂亮的一百分更值得我的讚賞與放心！

當孩子遇到瓶頸，或許先別急著跳進去幫他找問題，引導孩子自己問自己，問題到底出在哪兒？用對話引導孩子自己去思索解決之道，或許比我們急著幫他出手更能讓他深刻釐清問題、有效處理問題。

正當我欣喜遇見孩子包藏在爛分數下的責任心與分析力之時，小子竟又跑過來丟給我一個要求：「馬麻，剛才我不是說到我看到一大張考卷時會很不習慣、很緊張嗎？你有沒有辦法幫我出一大張密密麻麻的考卷，讓我更習慣一點？」

除了面對問題，小子還懂得尋求援助，態度誠懇、又敢大膽開口，這等精神，當然值得「自助者『媽』助」的待遇啊。於是媽媽我真的很認真地回應孩子的需求，把數學習作、相關考卷上的題目改了數字、有些題目則稍作變化，出給孩子一張獨一無二的模擬試題，媽媽我的認真回應更進一步激起了小子挑戰自己的鬥志！

有媽媽聽到我說這段插曲時，都認為那是因為我生了一個有上進心的乖孩子，如果是她們的小孩，別說要求媽媽幫忙出題了，光是要他們好好訂正錯題，都得使出殺手鐧。

喔，我家可沒有半個學習模範生。事實上，大多數時候，小子們對於自己考試所犯的百般錯誤根本不痛不癢，雖然很多時候分數不漂亮，但也沒能看到能激起他們的警覺心，所以，多半抱著得過且過的心態，直到慘不忍睹的分數赫然出現，滿腦子才響起噹噹噹的警鐘。**不少孩子都是「不見到棺材不掉淚」的，所以別怕他們偶而考砸，這就是他們需要的當頭棒喝，讓他們痛定思痛、自我檢討的轉捩點！**

拋棄「夢幻的期望」，給予「合理的期待」

看孩子的模擬考成績，可不像欣賞孩子滿懷熱忱自動投入的興趣般輕鬆自在。即使在大多數時間，我是個明智而透澈的家長，但隨著孩子忽高忽低的分數，忽上忽下的排名，向來對孩子的賞識偶然間也會不自覺變調，一聲聲憂心的叩問還是情不自禁：

「怎麼辦？都要考試了，成績如此不穩定，有什麼問題嗎？」

「有沒有要幫忙的呢？」

「是哪邊讀不通呢？」

「有沒有把錯誤弄清楚呢？」

然而，我沒想到，眼前的孩子竟氣定神閒地回答我：「媽媽，你看得出來我已盡了該盡的力，所以你所看到的成績，或許就是我能達到的程度。當然，我還是有機會考得更好，但是，我似乎愈來愈清楚自己的極限，好像很難出現非常神奇的突破。因此，我希望媽媽你能對我抱以『合理的期待』！」

原來，孩子令我焦慮的分數水準並沒有讓他失去平常心，正因為每一次能冷靜並勇敢的正視自己努力的成果，不高估自己的表現，也不放任自己隨波逐流，所以孩子比媽媽我更能淡定以對。

孩子能清楚認識自己、接受自己，讓「自我認知」與「自我期許」沒有太大的落差，才可能不卑不亢、勇敢地面對每一次挑戰。若設定一個遠在天邊的遠大標準，孩子只會在一次次的落差中看到自己的低下與落後，當然就會愈來愈否定自我，害怕挑戰。

始終樂見孩子投注心力去「感受自己」的我，時時都會提醒自己：在「讀書考試」這一個領域，同樣要鼓勵孩子去感知真切的自我表現水平。鼓勵讓孩子感受每一個層面的自己，盡心盡力為自己的每一層面負責，開發每一層面的美好面向！

與分數和平共處

父母不渲染考試、不強化分數，孩子反而在應試時能坦然且放鬆，而不容易失常，也能讓他將注意力放在學習的過程中，而非被成敗綁架，如此，他的學習之路才能走得又穩又遠。

親子關係什麼時候會開始破裂？答案是：小學一年級的第一次期中考！

不少在孩子小學前主張「快樂學習」的爸媽一看到孩子拿了九十分的考卷回家，就不由得嘮叨：「這麼簡單也會錯？」；再聽到班上好幾個同學科科一百分，不免又衝口多責備了幾句：「你們班上一堆一百分的，怎麼就沒有你呢？」。若再攤開考卷一看，孩子每一題都會，卻都是粗心出錯，就更火冒三丈了！

從此之後，親子之間就多了這一道習題：分數。

分數是離間親子關係的殺手

分數是兩面刃，既是學習上不可或缺的最佳反應神經，卻也是離間親子感情的大殺手。因此，孩子進入學齡後，如果父母沒有意識到要學會健康、正確面對孩子的分數，孩子也沒有學會樂觀進取地與自己的分數和平共處，那麼親子之間便會定時瀰漫著一股緊張壓力。

樂觀、淡定看待分數，絕對不是抱著無所謂的心態。在目前一片推動「翻轉教育」的聲浪中，不少父母錯誤解讀以為從此可以棄成績於不顧，於是不論每一次孩子的測驗結果如何，皆不重視、不檢討、不追究，孩子學習上的瓶頸，當然就無法被偵測，更可能愈積愈多，而再難突破。

另一種相反的態度則是非常嚴正地對待每一次大小考試的成績，只要有一次失常，就彷彿世界末日，直接連結到非常失敗的自我形象。

我對孩子的課業一向有一定程度的要求，也不假思索地用相同的標準來監督三個兒子的學習成果。但是，有一天我恍然大悟，這樣做絕對有問題！

當孩子的同學說：「他說一定會被妳狠狠揍一頓！」

小兒子鈞鈞從小一開始，不論大考、小考，一放學，都還沒進門，就會急著跟我報分數；而才坐下來，他就急著拿出考卷告訴我有哪些地方考壞，把考試看成天大的事。

當然，看到不該錯而錯的地方，媽媽我會忍不住連珠炮，有時候看到因為粗心就失掉了十多分，相當氣結，難免嚴加斥責，以為這樣能杜絕鈞鈞的失誤。

有一次期中考剛考完，我在路口值勤交通導護，隔了四公尺，我看到鈞鈞和同學一起走向我，當下那位同學大聲爆料說鈞鈞的數學考得慘爆了，竟口無遮攔道：「鈞鈞說妳一定會狠揍他一頓！」我當下既錯愕又尷尬。

接著，我便心不在焉的指揮交通，直想著這胡說八道的孩子到底在想什麼？

然後，一連串小子緊張回報分數的畫面一一閃現，面對自己粗心錯誤卻不知所措的徬徨小臉印現在我的腦際。我這才意識到，兩位哥哥可不曾有過這些反應，倒是鈞鈞，因為是老么，特別黏媽媽，也特別在意媽媽的反應，而我也始終用相同的標準來要求他，造成他得失心頗重，深怕失去媽媽的愛。

原來，這孩子比我還在乎成績；考壞了，他的自責更甚於我；每一次，我的反應都被他放大處理，他還沒被分數打敗，就先被我的反應擊潰。

我這才大夢初醒，面對得失心如此深重的孩子，可得沉著以對。

這類過度渲染成敗的孩子特別需要家長的淡然，他們需要一股平衡的力量把他們拉回正確的自我形象，以保持健康的學習心態，以免壓力過大而身心失衡。

從此，每次鈞鈞要跟我報分數時，我也不特別阻止，就輕描淡寫說：「嗯，好，你先洗手吃點心再說！」

當鈞鈞抱著爛分數一臉頹喪時，我也故意先迴避，並刻意提醒自己平和回應：「你先自己訂正一下，把錯的弄懂就是了，我忙完了再來看喔！」

而對於鈞鈞層出不窮的粗心大意，我也發現，多年來，無論千叮萬囑、責罵處罰，一點用也沒有，除了想方設法，比如提醒他圈點細節、邊抄寫邊檢查之外，對於專注力、自我控制力還在發展中的鈞鈞，我試著用正面幽默的方式回應。

我最常說的一句話是：「十年之後，我們家就會誕生一個數學天才，因為那時候你的粗心就痊癒了！」

盡力達到的位置，就是最好的位置

我家三小子在讀書方面都不是頂尖菁英，都必須下苦工才能獲得相對應的成績，甚至有時候「一分耕耘，卻得不到一分收穫」。

大部分的孩子也都屬凡夫俗子，學習過程都逃不出這樣的磨難。因此，我覺醒到有兩件事是父母一定要認真學會的：**幫助孩子找到自己的定位，以及，幫助孩子訂定最合情合理的目標。**

有天，凱凱因模擬考成績起伏不定，擔憂地問我：「麻，如果我該讀的都讀了，最後仍考得不盡理想，該怎麼辦？」

我回答：「不怎麼辦！阿不然哩？」

話鋒一轉，我接著說：「但是，你要捫心自問，是否問心無愧，真的盡了力？是否針對問題有徹底檢討？學習上有瓶頸呢？有想辦法克服嗎？是否需要協助，也願意敞開心胸一試呢？如果反省自己，確實盡心盡力了，那麼那個結果，對你而言，就是最好的結果。

經過無數考試之後，有些人會發現自己很會考試，但有些人卻不見得。很不幸的，在學生時期，人們會把『考試能力』當成最重要的指標。既然你身在其中，那麼這段時間，務實的用功、現實的去磨練一定的『考試能力』是必要的。」

我接著提點他認清、並接受在考試制度下自己所在的位置：「依照『考試能力』產出的結果，你會被暫時放在一個相對應的位置，不論位置高或低，只要是盡心盡力取得，就是『最好的位置』。因為，那就是在此階段『最適合你的位置』！」

但我也必須讓孩子清楚，這只是個「暫時」的位置：「媽媽同時要告訴你一件幸運的事，那就是離開學校，你會發現『考試能力』只是諸多能力中的一項而已，社會要的，遠超出此單一能力，比如領導力、創新力、溝通力、表達力、合作力、毅力、靈活度等。

聽到這兒，你可能會鬆了一口氣，但我要說的是，社會要求的能力指標對大多數人而言，反而是更嚴苛的，競爭也更殘酷，到時候每個人的位置，就不是簡簡單單一個『分數』所能決定，而是在社會上真正能適切存活的『生存能力』。

出社會後，我們每個人同樣也會被放在一個相對應的位置，屆時，你依然需要成熟豁達地去面對——只要是盡力達到的，就是最好、也最適合你的位置。」

強摘的果實不會甜。無所不用其極地硬把孩子推進菁英學校，固然可喜，但也有可能是孩子無法消受的噩夢開始！

父母必須不斷藉由平日的大小表現，對孩子做適當的判斷，接受他的平均落點。因為，這樣才能協助孩子認清自我、訂定適當的目標，也才不會患得患失；而父母對孩子抱持合情合理的期待，是保持淡定的第一步！

讓努力的傻勁，變為成功的衝勁

在九年級屢次受到模擬考重挫的凱凱，每次一考完模擬考，臉上總是掛著一抹自然又輕鬆的笑靨，但是卻一次次吐出非常沉重的話語。

第一次模擬考，他跟我說：「馬麻，我考得還好，但不如我自己的預期。」

第二次模擬考，他則說：「麻，這次考得比上次糟一些！」

第三次模擬考，他又堆著誠懇地笑容據實以報：「麻，這次是我有史一來考得最糟的一次！」

到了最後一次，不待他開口，我也早就猜得出他的答案，他再次輕鬆自若又直截了當：「麻，其實這次才是最糟的！」

隨著模擬考成績，我已暗自在心裡不斷調降了凱凱的目標志願，但我從未開口給這孩子任何的要求、打擊、威脅或責罵。不過，這小子每一次考完，似乎絲毫不受任何影響，每天該讀的書沒少讀，該檢討的錯題也很認真地訂正。

有一天，我無意中翻到他做過的數學模擬考題，每個題本上面都有三種筆色——鉛筆、藍色、紅筆，封面都寫著這三種筆色大大的「ＯＫ」字樣。

他跟媽媽我解釋道：「我的數學老是考不好，我知道自己不是考試天才型，所以每一個題本都逼自己重做三次！」

這等傻傻的精神我看在眼裡，著實感動，還有什麼比此更難能可貴？誠如《恆毅力》這本書裡所證實：**「努力的精神比天分更有用！」**而願意持續地努力，正是因為始終相信自己、因此能樂觀面對各種挑戰！

家裡三個孩子在學業與考試上都屬於必須辛勤耕耘的「地才」，但是從每次凱凱毫不隱瞞真實成績的自若反應、談笑如常的誠懇表情，我知道**我能給三小子學習上最大禮物就是這等堅實的「自信」與「樂觀」**。

人生何處不崎嶇？樂觀與自信，就不會輕易放棄，不放棄，終能累積，能累積，終有所獲。皇天不負苦心人，凱凱最後竟然考進了聲望很不錯的學校。

讀書目標，這樣設定才有效

有些父母以為給予高額的獎勵，就能激勵孩子追求好成績，但事實不然。如果目標太過遠大，無論給予多大的獎勵，孩子根本事不關己，因為他根本搆不上邊，反而會因為重大的目標壓在心頭而惴惴不安。

設定過高的期望值完全無法達到激勵效果。能真正激發向上動力的學習目標，具有下列三個要件：

- **具體的目標**
- **具有挑戰性**
- **可以達成**

什麼是具體的目標？像是：要再用功一點、要考好一點、速度要加快、不可以粗心大意……等，這些都只是籠統的形容詞。絕非明確的目標。針對要改善的地方，**必須將要投入的努力，實際量化成「可以辨認的數字」**。

比如，每天要增加多少複習的時間？特定科目要額外花費多少時間複習？又像是要加快速度，則要訂定明確的目標，比如：「三十分鐘須完成多少題」。像這樣，有明確的數字，孩子才能每次檢視自己是否有進步。

而要提升成績，則要和孩子討論目標，是要進步十分，還是從B++進步到A？孩子才能依此調整投入的程度。

再來，目標要具有挑戰性，但又不是遠在天邊的神人標準，而是孩子可以達到的範圍。如此，孩子才可能勇敢懷抱希望，願意下功夫。

給獎金的技術與藝術

讀書，當然不是為了拿錢。但面對怎麼樣都提不起勁來讀書的孩子，或許誘之以利，送獎金、給獎品，是啟動他願意嘗試用功的少數方法之一。這也許不是最好的策略，但總強過袖手旁觀，或不知所措。

孩子的動力雖然來自獎金，但若因此能嘗到成功的甜頭，就有可能建立對讀書的信心，也容易進一步養成固定的讀書習慣。當形成一股良性循環時，孩子或許才有意願去思考「為什麼要讀書」此頂層的目標。

針對用獎金來鼓勵孩子讀書，在《教育經濟學》一書中用科學數據顯示有正面效果，但也有幾個值得注意的結論：

- 獎勵「考試成績」的效果，不如獎勵「在讀書過程中的投入度」的效果，也就是鼓勵孩子每日按時將作業完成、認真的複習課業，才能累積穩定紮實的學力。
- 在學過程中，若孩子無法掌握有效的努力方法，則「考高分就發高額獎金」的方法依然不可能提升成績。針對孩子學習上的困境給予指導與協助，獎勵才可能有效。
- 較小的孩子，不妨使用金錢以外的獎勵；針對高年級以上的孩子，發放現金則更具激勵效果。
- 以金錢引誘孩子讀書的同時，不能忘記要引導孩子感受「讀書本身的樂趣」，這才是重點，比如解數學難題的成就感、對文字掌握的樂趣、透徹理解歷史來龍去脈的好奇心等等。
- 同時教導孩子金錢的價值、善用自己的獎金，做聰明的消費，或做儲蓄投資理財，是孩子得到獎金後的附加學習功課。

4

雖然無法翻轉教育體制，孩子也能樂在學習

補習，真的「有補有保庇」？

過度補習最嚴重的問題，就是學生完全沒有時間再自行思考整理；而且，天天為了趕著上課，可能一整天根本沒能好好吃頓飯。長期拖著疲累的身體，精神差，吃不好、睡得少，當然效果就會打折扣。

我家附近有間麵店的老闆，花了大把財力讓女兒補習，從七年級開始，國、英、數、社、自，每一科都不放過，但最後會考時成績竟不盡理想，這位爸爸只得再花一大筆錢把孩子送進私中。

對此，他苦笑說：「現在我才覺悟，補習是補心安的！」

補習過量，成績不升反降

補習真的沒有效用嗎？但國內多個研究都顯示，補習是具有效果的，結論如下：

- 「有補習者」的成績普遍比「沒補習者」來得好，但是「**每多補一科，成績的提升則會遞減**」；並且補習科目過多，則整體成績不升反降。
- 孩子「自發性」的選擇補習，效果優於「被動補習者」。
- **國中一年級若每週補習超過十二小時以上，學習成效呈下滑**。
- 高中的補習科目數，對學測成績及進入公立大學機率的影響，呈現「先升後降」的趨勢。原因是，當補習科目過多，就會剝奪複習的時間。

從小學高年級開始，課業就開始變難，家長慢慢插不上手。到了國中，家長更無法再擔任孩子的萬事通，如果放任孩子閉門造車而不幫忙想辦法，孩子很可能學習愈來愈落後。

一條路走不通，該不該思考其他的方法？堅持絕不補習是對的嗎？

補習也需複習，才能融會貫通

咱家小子有一位同學在七年級時成績還不錯，而這孩子的媽一向排斥補習，堅持孩子要靠自己來學習，而且也不希望冗長的補習打亂了作息。

但沒想到，到了八年級，這孩子碰到了理化卻束手無策，即使上課認真聽講，也把握機會請老師解答，但成績卻每況愈下。這位同學愈讀愈心慌，幾乎想放棄理化。

最後，這孩子自己去打聽了一個風評不錯的補習班，於是鼓起勇氣和媽媽說想試著補習，沒想到才試聽一堂便覺大有幫助，持續補習後，成績提升了，也重拾了信心。

這印證了前述研究的結論：適當的補習，確實能提振學習成果，甚至提升學習的動機與信心，而這個孩子補習乃出於自願，正如研究結果，效果會更好。

而前述那位麵店的孩子，為什麼補習效果差？對照研究結果，原因很可能出在「過度的補習」。

補習一坐就是三小時，回到家將近晚上十點，吃個點心、洗個澡，已近十一點，幾乎不太有時間複習學校的進度，然而體制內的國中幾乎天天都有測驗，若是每天晚上都耗在補習班，勢必無法兼顧學校的考試。

即使補習，學生也必須在課程之後花費時間，自己再思考與反覆練習，才能將內容徹底融會貫通。不論補習班老師有多神，如果上課恍神、回家也不複習，那麼世界名師也愛莫能助。

過度補習的最嚴重問題，就是學生完全沒有時間再自行整理思考；而天天為了趕著上課，根本沒能好好吃飯，長期拖著疲累的身體，效果當然打折扣。

如果補習又是父母所命，而非孩子自己切身認知到的需要，那麼更難做到「上課認真聽講，下課努力複習」。

擇科補習，大膽讓孩子磨練自我學習的能力

我家小子們剛上國中時並沒有補習，但是多位過來人都跟我強調國中課業艱難、進度又快，建議孩子最好從升國中的暑假就開始補習；如果不補習，也一定要先行預習，特別是數學、生物，否則開學後可能跟不上。

但是我一直憧憬著孩子的國中生涯作息正常，所以一開始並不打算讓孩子補習。我提醒他們上課一定要專心，回家則要按照進度複習。我一面盡責的鞭策，一

面觀察孩子的需要。

老大翔翔直到八年級時發現學習理化有瓶頸，但又不太適合大班制的學習，於是延請了一對一的理化家教，其他科目則維持自己研讀。翔翔雖不是唸到頂尖，但大致能維持一定的程度。

我曾問過翔翔會不會後悔沒有補習，沒想到他竟然感謝我沒逼迫他非補習不可，這讓他有機會摸索自己的讀書方法。尤其是幾乎人人都補的「數學」，因為他沒人可幫，所以上課時特別專注，回家則硬著頭皮做題目，這成就了一段自我學習的過程。會考時，翔翔雖沒拿到A^{++}，但抱了一個代表他自己真實力的A^{+}。

而老二凱凱也依循著哥哥的步調，先不急著補習，而且除非他主動發問，否則我都交由他自己摸索負責。

有一天，我問凱凱：「生物是一門新的科目，內容既龐雜，考題又靈活，為什麼你從來沒問過我任何問題？」

凱凱竟然回答：「因為我覺得妳應該早就忘光了啊！」我噗哧一笑，原來孩子認為媽媽早已江郎才盡。正因為凱凱覺得媽媽不再可靠，所以硬逼著自己認真複習，這迫使他慢慢練就自我統整的能力。

不過到了九年級進入準備會考之時，平時小考還不錯的凱凱一面對大範圍的模擬考，就顯得力不從心，他愈考愈沒信心。此時，身為家長的我當然不能置身度外，一定要適時伸出援手。

善於反省的凱凱看到了自己的弱點，就是當考試範圍變大時，靈活度較低的他就會迷失在廣大題海裡，即使所有的原理都已經弄清楚了，但變化多端的題目卻讓他反應不過來。

於是，九年級下學期時，凱凱自己要求要參加考前統整班，希望藉由補習班靈活多變的題目來增加判題的靈敏度。

孩子對自我有期許、能找到自己的問題並嘗試去克服，值得嘉許，而唯有學習的問題獲得解決，孩子才可能重回良性的循環。此時，我不會反對凱凱補習。

別讓補習班的「懶人包」教學，剝奪孩子的自主學習

上補習班的確有些好處與優點。

補習班的目的就是要有效提升學生的成績，因此一定會把學習內容打包成條理分明的「懶人包」；為了增進學生的作答速度，也將題型分門別類，並傳授快速解

題法；為了讓學生有系統地複習課業，會幫孩子規畫進度，孩子只須按表操課，就能完成所有進度。

此外，補習班還能杜絕孩子玩手機、防止分心；而且補教老師多半活潑風趣，上起課來還穿插笑話，讓課堂絕無冷場。

看起來，補習應是利多於弊。但也有研究顯示，補習未必對每一個人都是萬靈丹。**「原本習慣補習的孩子」若停止補習，成績當然會下滑；但是，「原本依靠自己研讀的孩子」若改成上補習班，成績竟然也呈下滑**，這顯示，孩子都有適合自己的學習途徑，毋需一味高估補習的效果。沒補習，孩子未必就讀不好，孩子若能依靠自己，就應該大膽給予他們自我摸索的機會。補習，可不是「有病治病、無病強身」。

綜合以上，補習班包辦了孩子最不擅長的部分：規劃進度、統整資訊、解決問題、時間管理、自我控制，但所有這些也正是孩子最需要被磨練的部分，當補習班補足學生的不足之時，也正剝奪了他們自我規劃與自主學習的機會。

因此，如果觀察到孩子在某些領域能依靠自己、且維持一定的成績，不妨就把這些科目當成他們磨練自我學習力的最佳園地吧！

上補習班該有的五種心理準備

一、補習絕不可能把每一個孩子都補成高材生。

補習雖能提升成績，但孩子的成績分布有一定的落點範圍，父母要坦誠面對並接受。

二、讓孩子自己意識到補習的需要。

由孩子自己提出需求，孩子才會珍惜補習的資源，而不是視作理所當然。

三、過度的補習絕對有害而無益。

未留充足的時間消化與複習，無論對提振成績或掌握學習方法都沒有幫助。

四、技術轉移補習班的統整歸納方法。

在深度依賴補習班的同時，也要引導孩子思考補習班如何幫助他們規劃進度、統整歸納，這更是必須吸收的技巧。

五、補習不是補心安。

如果一段時間之後沒有效果，則需當機立斷，另尋其他的補救教育。

考試技巧是可以練習的

就算不認同考試，也要學會「克服」考試。
其實，考試就如同使用工具，能藉由不斷的訓練獲得手感。
雖然「努力學習」和「考試技巧」是完全不同的兩件事，
但這兩者若可相輔相成，就能提高考試分數。

鈞鈞小子中年級時遇到了一個並不喜歡頻繁考試的老師。學校訂購的複習考卷，老師都當成回家功課，因為他認為，有去上安親班的孩子早就寫過這些坊間的考卷，對於沒去上安親班的孩子不太公平。這位老師只有在大考前，會自己親自出題做總複習考，目的是為了讓孩子熟悉考試的形式與題型。

這位老師也問過我：「妳會給孩子做評量嗎？妳贊成平時考試嗎？」

對此，我毫不猶豫地回答：「贊成！」

努力學習＋考試技巧，是拿高分的訣竅

老大剛上小學時，我是極度不贊成孩子寫評量、更反對不斷考試的自由派家長，因為我認為孩子按時寫作業、按日複習，就已展現對課業的負責，毋須再把大好時光耗費在重複練習之上。

但每每大考後，孩子看到自己的分數總是非常沮喪，因為他不是不努力，更不是不會寫，而是不熟悉考試的形式與出題的趨向，也就是不善於考試。

光是要弄清楚每大題在考些什麼，以什麼方式應答，就耗費了大把心神；而一下子面對一大張考卷，到底能否寫完，或者對於每一大題的時間究竟該怎麼分配，也毫無概念。於是，一拿到考卷就從頭緊張到尾，原本會寫的，頭腦也突然短路；平日鮮少練習一口氣四、五十分鐘高度集中精神的孩子，往往寫到後半段便難以集中精神，於是出現各種怪錯誤。

以上這些都是關乎考試的技術問題，與有沒有扎實複習課業沒有關聯。如果在短短的考試時間裡，孩子能夠熟悉考試的形式、掌握時間的分配、書寫的速度、熟悉題型與出題脈絡，必定能在考試的當下減輕大腦的總負擔量，而能將精神單純集中在思考、推演，以及從記憶中抽取已儲存的資訊。

莊淇銘教授在為《寫給孩子的準備考試的訣竅》這本書所寫的推薦序裡說到：「人生既然不可避免要面對各種考試，那麼，學會考試技巧的重要性不在話下。」他自己學了客語之後，就去參加客語檢定，成績高達九十二分。

對此，他認為：「如果我沒有運用考試的技巧，分數可能只有八十分；但運用考試技巧後，我考了九十二分。」，所以，「努力學習是一件事，考試技巧則是另一個功課，這兩者若可以相輔相成，就能提高考試分數。」

不認同考試，也要學會克服考試

每一次學測或會考出現榜首，就會成為萬眾矚目的大英雄，鎂光燈下他們卻不約而同提出致勝的關鍵：「一定要多做題目，訓練手感！」所有人聽了都點頭如搗蒜，沒有任何異議。

還有一位考上台大電機的同學分享自己的絕招：「考前二十天每天都要寫模考題，情況允許的話，國英數自社都各寫一回，國文作文和英文作文每天可以擇一來寫，讓考學測時能像寫『模擬考』一樣輕鬆。」

可見這些能爭取到最優教育資源、所謂的「高材生」都耗費了大把時間與精神在「重複練習」之上，才獲得了好成績。這就是因為熟能生巧，速度加快，對某些題型已塑造固定的反射反應，不僅正確率提高，更能省出時間去思考艱澀的題目並檢查。

盛治仁先生曾說：「就算不認同考試，也要學會『克服』考試！」對此，我深有同感。如果無法脫離應試制度，當孩子日漸長大，就必須一次次接納「分數」對他學習成果鮮明而直接的宣判；如果瀟灑地對「把試考好」不屑一顧，當然就得接受被分數判決的殘酷現實！即使已經實施多元免試入學方案，升大學也更重視多元表現，但是，分數仍舊具有一定的重要性。

正向看待考試的魔鬼訓練

綜合所有考試高手的心得，原來考試就如同使用工具，是一種技能，可是得不斷訓練手感的。然而這項技能除了能為個人爭取到好學校、教育資源，到底未來能對國家社會有什麼實質的貢獻呢？沒有，真的沒有！

因此寫到這兒，我也必須承認，考試制度發展到極致會逼使學生走火入魔，完全扭曲了學習的本質。所以，我堅決反對國高中六年犧牲所有的興趣、社交與休閒活動，只為練就爐火純青的機械式考試技巧。

人生進展到中年以後大約不難發現，事業有成者，往往不是學生時代名列前茅者，反而是成績不如他們的同學，「試場上得意、職場上失意」這現象說明了考試雖能篩選出最擅於考試者，但是真正能擔綱重責大任的諸多能力卻是考試考不出來的，所以絕不值得把所有的青春歲月都變成蒼白的寒窗苦讀。

但另一方面，國中會考與高中學測的成績仍是關鍵評比項目，而大考確實只有一次機會。因此我也絕不反對在「九年級」以及「高三」此關鍵的兩年，升高「升學準備」在生活中的比重，甚至換個角度來看待考試。

不少過來人還發現，經過考試的魔鬼訓練之後，某些能力竟明顯提升了。例如，為了在期限內完成進度，磨練出更強的計畫性與意志力，擁有按部就班完成進度的能耐；一次次長時間的應考，不斷延展自己可以全神貫注的時間與穩定度；視覺追蹤力變得快狠準；雕琢出閱讀的細膩度；常常在強壓下解答複雜艱澀的問題，大大提升了推理歸納的效能……等。

考試能力≠做學問的能力

這兩年，不少明星高中對於大學增加繁星入學的比例表達抗議，原因是不論高中的聲望如何，只要學生在自家學校的排名以及學測特定科目達到標準，都有資格申請進入自己的理想科系，因此出現了卓蘭高中一位學測只拿到四十八級分的同學躍入台大之門的矛盾事件。

前段高中學生拚死拚活拿了好成績最後卻沒有如此好康的待遇，更要辛苦拚指考，實在令人憤憤不平。大家的疑問是：即使是前幾志願高中的後段生也不可能輸給學測成績平平、僥倖進入頂大的非明星高中學生吧？這太不公平了！

弔詭的是，根據研究，**在大學裡的表現，透過繁星入學的學生，總體表現竟然比透過指考入學者來得好！**

近三年，在所有大學排名前五％的學生，透過繁星入學者，佔十七．一九％，透過指考入學者卻只有九．六％；而被退學的比例，繁星入學者佔了三．七一％，指考入學者卻高達十．二七％，這完全打破了「分數高＝學習好」的迷思。

原因何在？引發全球教養大震撼的《孩子如何成功》一書，便反映了美國類似的狀況。高中在校平均成績保持穩定水準者，未來能從大學順利畢業的比例較高，因為「高中在校成績所反映的，不僅是對於學業的精通，更反映了學習動力與毅力，以及是否擁有優秀的學習習慣與時間管理技巧。」

這可以用來解釋為什麼在校平均成績好、透過繁星上頂大的學生反而最後表現比指考入學者來得好。

此外，以繁星和個人申請進入大學者，可能更會慎重思考自己的興趣與專長，這也可以說明為什麼他們進了大學後休學、退學的比例較少，成績也較優。

以上完全說明了一件事：考試能力≠做學問的能力。

當然，想要擠進名校，少不了要反覆研讀、集中火力做題目，以及擁有嫻熟的考試技巧。但這絕對不代表一個人真已具備了學術能力。做學問所需要的是強烈追求的動機、深入鑽研的精神，及對自己目標的高度執著，如此才能真正累積出扎實的功力。

被考笨的孩子，如何找回創意？

「答對就拿分、答錯就扣分」的思維，讓孩子不敢、也不願犯錯，因為犯錯就會被扣分、被懲罰。這種「懲罰錯誤」的考試制度，完全磨損了孩子甘願冒險、不怕錯誤的膽識與勇氣。

為了測知藍色原子筆能不能通過電腦閱卷，你會准許你的孩子在大考中做點冒險實驗嗎？

我家大小子在國中時因為壓抑不了心中對此問題的好奇心，竟然大膽的在一次段考時做實驗。他決定從最拿手的英文下手，當考到最後一題時，他竟改用藍色原子筆來畫卡，想要驗證是否只有２B鉛筆才能通過電腦閱卷。

事後他證明了藍色原子筆也能通過電腦閱卷。個性率真的他興奮難耐，竟口無遮攔地自動向我報告此偉大發現！

我聽完之後生氣嗎？不，我不僅不生氣，我還在心中暗自竊喜！因為：

第一，在考試不斷、大多數課堂仍以灌輸知識為主的中學體制中，孩子竟然還保有如此的好奇心以及發現問題的能力。

第二，在分分計較、競爭排名的氛圍下，大部分同學絕不願隨便犧牲自己的分數，但此孩子「冒險實驗以尋找答案」的本能卻沒被「追分」此第一目標奪走。

第三，雖然不計較失去的分數，但卻非貿然行事，孩子懂得權衡得失，從英文此最拿手的科目下手，不啻是想辦法在理性與瘋狂間取得平衡。

首位拿到諾貝爾醫學獎的華人屠呦呦為了確定青蒿素對人體的有效性，竟然自己充當志願者，以身試藥。比起拿自己的身體健康做賭注，我想我家小子的瘋狂傻勁雖說是小巫見大巫，但仍令我既好氣又好笑。

訓練孩子找到標準答案之外的選項

我們的考試制度，就是一種「懲罰錯誤」的思維。

沒有師長不期望孩子科科都拿高分，最好通通都拿一百分，所以要求孩子絕對要以教材所傳授的內容為依歸，熟記勤練，這樣才能避免錯誤。「答對就拿分、答錯就扣分」的思維產生的結果是：孩子不敢也不願犯錯，因為犯錯就會被扣分、被懲罰。

不能犯錯就必定得努力遵循固定的思維、既有的知識、鎖定標準答案，這種思維邏輯被稱作「聚斂性思考」，是一種「封閉的思考」。目前我們以「選擇是非」題型為主的考試模式，就是「聚斂性思考」的大集合。

對於建構完整扎實的知識體系，這樣被框架住的思考訓練當然不可免除。但是，在資訊時代裡，這樣的思考模式已經無法帶來突破性的發展。這世界出現了不需要自己創設內容、卻是全世界最普及的媒體Facebook；出現不需要擁有任何一部屬於自己的汽車、卻是世界最大車行的Uber；出現沒有任何房地產、卻成為最大的旅館業者的Airbnb；以及沒有任何的庫存、卻成為交易量最大商場的阿里巴巴。

這些令人跌破眼鏡的案例，跳脫了歷史以來所有成功企業的創建模式，也未援引過去任何可參考的知識架構，它們其實都是贏在很簡單的創意點。但要產生這樣的創意，對錯分明的「聚斂性思考模式」完全幫不上任何忙，必須先讓思考無邊無際，不被既有的邏輯所限制，這就是「擴散性思考」。

學習不滿檔，才能從「僵化思考」中跳出來

在體制內求學，沒有多少人敢有荒廢學業的「大瀟灑」，但我要鼓勵父母，絕對要允許孩子擁有一點「小瀟灑」，大膽讓孩子劃出一些時間、腦力、體力留給「和升學考試完全沒有關聯的人、事、物」。

此點「小瀟灑」就是在體制內讓孩子的大腦能留有一點思考不受限的小火苗，使之不至於被摧殘成灰燼。往後脫離了升學壓力，這些活潑思考的小火苗必定能找到機會，再度猛烈的燃燒！

因此，除了九年級以及高三面臨升學大考的關鍵兩年之外，我允許孩子每天放學空出三十至五十分鐘、保留完整的週六供孩子自由的運用。在寒暑假，更允許孩子空出一長段時間好好運用，能充分執行與升學無關的學習計畫。

我很欣慰看到大兒子在國中完成了幾篇數千字的短篇小說以及十萬字的長篇小說，高中時繼續拍攝微電影、並有系統地閱讀電影；老二則自己學會photoshop、威力導演的繪圖軟體，摸索繪圖板的使用，繪製出非常專業的數位圖像；喜愛生態的老三則利用寒暑假到全省搜尋台灣各種特有蛙種，每月持續擔任志工，從事蛙調與生態維護的工作。

連續兩個暑假，三個小子更攜手合作，自編自導自演、剪輯、配樂兩部英文版電影。

這些開放性的活動都沒有標準答案，也沒有一定的執行方案，更沒有扣分的懲罰，雖然對考試沒有任何助益，但是，卻能保留住孩子珍貴的天馬行空創意思考能力，長遠來看，絕對值得做此基投資。

當然，一定會有家長孩子跳出來說：「課業這麼繁重，能空出時間幾乎是天方夜譚！」

我想，孩子要有餘裕追求自己的興趣，有個前提是：一定要非常善於規劃時間，並能有效能的執行讀書計畫！有趣的是，**當孩子認清，只要盡責地完成課業的複習，就能投入自己喜歡的事物，就絕對會自我鞭策、快馬加鞭地完成課業責任，以便空出更多的時間自由運用。**

在擅長的科目裡忘記競爭，將更具競爭力

老師們都一致認同，現在要孩子在課堂上打起精神最有效的一句話就是：「同學請注意，這裡是重點，考試一定會考！」

不少孩子在小學以前，對於文學、科學、歷史人文都展現了很強烈的學習動機，並且能純然享受追求知識的喜悅。然而，一旦進入中學，這些很純粹的學習動機隨著頻繁的考試就被消磨殆盡，也不知不覺轉移成「贏得高分、打敗別人」的功利主義。

《親子天下》雜誌曾經做過一個調查：孩子一進入國中，就有六成的學生失去學習動機，讀書只為考試，求學只為考上好學校，以及避免父母生氣傷心。怎麼避免孩子一到中學就從學習中逃走呢？如何才能留住孩子與生俱來追求知識的熱力呢？

有個值得一試的作法是：**在孩子愈感興趣、愈有潛力、表現佳的領域或科目，愈要在考試之外，讓他們開闢一處沒有分數陰影的「桃花源地」，供孩子忘記分數的追求，回歸到追求知識、享受學習的喜悅。**

例如，喜愛文學的孩子，不能讓他少了沉浸於閱讀的忘我時光；數理特別強的孩子，就不要再不斷向他強調正確率的達成，而是要讓他忘記成敗，勇於挑戰難題，享受解決問題的高階思考過程；對社會改革與政治有高度熱忱的孩子，絕對要讓他關心時事與局勢，引導他閱讀社論、不斷向他拋問題，從透析社會現象來鍛鍊思辨力。

把成敗拋諸腦後，才可能全然忘我，專注享受於探索追尋的過程。此時，腦神經能更自由澎湃的連結，形成更新、更多變且強韌的迴路。所謂的突發奇想、神來一筆、關鍵的轉念，通常都在此時誕生。讓孩子在擅長的領域裡忘記分數、評比與排名，才能創造獨特的學習風景。

從藝能科目訓練不設限的思考力

目前的中學教育是個青菜蘿蔔魚肉雞蛋什麼都有、什麼都不肯放掉的大拼盤教育，孩子在繁多的學科之外，或許根本抽不出充裕的時間與心思再充分投入於學科之外的生活藝能類科目，或是打從一開始，這些對升學無足輕重的科目就被家長與孩子打入冷宮。

請不要小看這些領域，因為這些科目既沒有強大的分數壓力，又有很多從零開始的發想創作歷程，不僅能讓孩子擺脫外在分數的干擾，勾引出孩子純然的投入動機，更是讓孩子鍛鍊「擴散性思考」的大好機會。

孩子當然不可能家政、美術、音樂、工藝樣樣精通，但若不想讓孩子與生俱來的創造力被考試破壞殆盡，就大膽讓孩子在生活藝能領域裡選擇自己感興趣的部分，享受創作、手作與操作的樂趣，這也是紓解課業壓力最好的方式！

教改改不停，讀私校真的比較好嗎？

抗壓性高、自律性高，或容易受同儕影響的孩子，比較適合唸私校。如果是對學習缺乏動機、成績明顯落後，或學習模式較為特殊的孩子，在整體學生素質整齊、高壓、高競爭的私校裡就學，只會應接不暇，不斷累積挫折感。

因為升學政策變來變去，不少父母乾脆打從國中開始就打定主意把孩子送進私立中學。根據統計，這十五年來，國中總人數降了二十萬人，但就讀私中的人數卻增加了一萬人，大約每一百個國中生就有十二人就讀私中。

在說變就變的教改過程中，父母乾脆讓孩子接受「六年一貫無縫接軌」的私中教育，為大學全力衝刺；而現在社會亂象橫生，孩子又處在叛逆期，私中勤教嚴管的模式，才能安父母的心。

家長把孩子送到私校，在小學階段，多半是為了「放」，讓孩子在實驗學校的環境裡，有更多元自由的學習與探索。然而，到了中學，很多家長則是為了「收」，因為私中為了追求漂亮的升學表現，比起公校，私校有更嚴謹的教學、老師們更願意被要求，也會更有系統幫助孩子為升學做充分的準備。

這意味著，在私中讀書，課程相當繁重，大小考試更多，壓力巨大。然而，即使父母一心想要孩子念私中，孩子真的就能適應良好嗎？

我的孩子適合上私校嗎？

我身邊就曾見過不少失敗的案例。

一位在小學成績中上的孩子，一畢業就在父母的苦心安排下就讀一所升學表現亮眼的私中，學校的導師科科都管、步步緊逼。比如，國文默書錯了一個字就得整句罰抄五十遍；數學未達標準，則必須留校演算更多的題型，直到重考過關；學校甚至公開以體罰逼迫孩子用功。

這個原本成績還不錯、但不喜歡被人過度約束的孩子因為經常被罰抄、留校重考，甚至被體罰，因而心裡產生了排斥感。他常常跟媽媽反應，非常痛恨學校的做法，媽媽雖心疼，但一想到學校漂亮的升學成果，就說服兒子繼續忍耐，但一日過一日，媽媽竟沒發覺孩子的憤恨已達臨界點。

有一天，這孩子在臉書撂下了狠話：「再叫我罰寫，我就殺死班導！」媽媽這才覺醒，開始思考自己當初送孩子進私校是否是明智的做法。而就在掙扎之際，孩子竟然開始厭學，媽媽才緊急將孩子轉到附近的公立國中。

還有另一個家境優渥的孩子，循著哥哥的軌跡進了數一數二有名的私中，然而他和聰慧、進取心強烈的哥哥全然不同，他患有ADHD分心症，也有輕微的閱讀障礙，從小學成績就殿後。

當初父母讓他念私中，就是希望透過更有效率的教學、更仔細的叮嚀，以減少他自我摸索的痛苦。但萬萬沒想到，進入私中的孩子都有一定的程度，原本學習就落後的他，當然就注定成為全班公認的老鼠屎，總是拖累全班進度，拉低班平均。他原本只是成績落後，但慢慢地，擴展為全面性的失敗感，他變得退縮、鬱鬱寡歡。當然，爸媽最後也只能將他轉回公校。

從以上的個案，可以肯定不是每個孩子都能適應私中的嚴格管理模式，如果對學科的學習明顯缺乏動機、成績明顯落後、學習模式較為特殊的孩子，在整體學生素質整齊、高壓、高競爭的私校裡就學，只會應接不暇、不斷累積挫折感，父母絕對要觀察、並接受自己孩子的特質，而不是認為只要把孩子交給辦學認真的學校，就等於吃了萬靈丹。

那麼，什麼樣的孩子需要或適合辦學嚴格的私中呢？

一、抗壓性高的孩子：

這類孩子即便學業表現普通，但因為在不同的環境裡會自己想辦法適應，因此終會磨出對嚴格管教、強大壓力的應對之道，而能逐漸被帶動提升。

相反的，對於個性非常講求自由、不喜歡被過度壓制的孩子，就要慎重考慮，因為私中每天都會留校加強輔導，晚上也都統一夜自習到八、九點以後，寒暑假更是馬不停蹄地提前教學、複習，這樣高密度、高壓迫的學習模式，真的非常辛苦。若仍選擇私校就讀，請容許他們能有保持舒壓的時間與方式。

二、自律性高的孩子：

對自我要求高的孩子，當然非常能適應私校的高壓生活，在高度競爭的環境裡只會更努力、不斷提昇自我。

但父母面對這樣的孩子，要不斷自我提醒，別再成為成績的推力，反而要成為一股緩和、拉回的平衡力，以免讓孩子身心失調。

三、容易受外界影響的孩子，或附近公校風評不佳：

中學的孩子最容易受同儕的影響，此時期最怕受到同儕不良的影響而學壞，特別是喜歡標新立異又熱愛社交的孩子，從一開始就要謹慎防範他接觸到不良的朋友。學生家庭背景相對單純且整齊的私校，當然是最好的防線。

選擇學校前的停看聽

但私校畢竟不是萬靈丹，許多家長也有迷思或誤解，所以選擇前請慎重考慮以下幾點，否則一旦選擇私校，反而可能成為全家的重壓來源。

一、經濟狀況是否負擔得起？

私中一學期的註冊費、制服費、餐費、校車費、課後輔導費、雙語課程費、教材費、社團費等名目繁多，幾乎都要另外收費，全部加總，平價的私校第一學期最起碼也要五萬元，如果強調雙語、升學率又高的「貴族私校」，那費用更超過十萬元；以「海外留學班」、「國際部」為號召的，總費用都在十五萬元以上。

比起公立中學，一學期區區幾千元的學費，外加便宜的餐費、班費、課後輔導費，一萬元有找，的確省很大。

如果為了給孩子更好的教育，全家都要勒緊褲帶，吃喝玩樂都得樽節開支，或是被壓迫得左支右絀，當然就不需要選擇私校。

二、讀私中就不需要補習？

不少家長精打細算，認為讀嚴格的私中，就可以省卻補習費，比起公校的孩子幾乎人人補習，其實也沒有高出太多費用，而且又可以省去接送、交通的往返，其實非常划算。

不過，根據我自己這幾年的觀察，因為私中的競爭更為激烈，對學業的成績要求更高，家長與孩子甚至期望好上要加好，因此私中在外補習的風氣仍盛，而且坊間甚至出現針對私中而開的專班，收費更高；而就讀公立中學的孩子也未必都補習，只補救一、兩科弱科的更大有人在。

三、讀私立國中都能直升該校高中？

著眼於直升私立高中的爸媽也要有清楚的認知，除非是完全不靠教育部補助的私中，否則目前教育部准予私立國中部直升高中的比例都有限制，是「高中部招收名額的六〇％」，而且會逐年調降，所以不是讀了私立國中，就可以掛保證直升該校的高中部。

每一個私中為了爭取到成績最好的學生，都會淘汰成績後段的學生，以保證高中部學生有一定的學業程度，以維持亮眼的大學升學表現。所以如果一開始就有直升高中的打算，那麼在進入私中前一定要問清楚該校國中升高中的方案與比率。

四、住校加強管制，效果一定更好？

住校型私校在小學招生時，都會向父母強調，把孩子交給學校，就可以讓孩子遠離3C，透過學校來幫孩子建立生活規範與讀書習慣，父母就毋須和孩子劍拔弩張，只要安心當個白臉好父母；而且因為拉開了彼此的距離，到了假日，親子反而會更加珍惜相處的時光。

但前提是，孩子必須在兒童期和父母建立緊密的感情連結基礎，父母對孩子的個性特質要瞭若指掌，**如果彼此在兒童期並未建立深厚的感情基礎，孩子住校之**

後，**反而會和父母更加疏離**，住校，反而讓親子之間漸行漸遠，父母想要管教或發揮影響力，會覺得愈來愈使不上力，不得其門而入。

另外，在選擇公校時，也有兩點要留意：

一、**留意孩子的交友狀況。**

對於容易見異思遷的孩子，若就讀公校，父母必定要時時提醒他們如何選擇朋友、留意他們的社交狀況。

二、**對於不適任的老師，請全面蒐集意見、理性和學校溝通。**

對於公校老師的教學品質，學校較無約束力，不滿意的父母若是直接衝到班上和老師理論，青春期的孩子會覺得無地自容。

父母請站在「解決問題」、而非「修理老師」的立場，所以要先客觀蒐集其他家長的想法，而非聽孩子的片面之詞，再找適當的時機，和老師理性溝通；如無效果，再向家長會或校方反映。

公立學校能讓孩子更貼近真實社會

我的成長經驗很特別，小學前半段讀的是貴族私小，後半段則念一般公小，我非常清楚地感受到私小與公小的差異性。

我讀公小時，偶然間遇到了私小的同學，當她發現我公小同學的爸爸是菜市場的小販，便覺不可思議；當我想把這兩個朋友拉在一起玩時，我的私小朋友竟然跑掉了，原因是她嫌公小同學的身上有異味。其實，我和公小的同學當了很久的朋友，從未曾發覺他身上有何異味、甚至異狀。

事實上，我一進公小時，就發現班上同學的程度普遍都比私小差，社經地位也差了一大截，甚至真的有同學因為便當太寒磣而躲到操場角落兀自吃飯。到了六年級，老師請同學站起來念課文，居然有人連注音都拼不太出來，這讓我覺得不可思議，因為這在私小絕對不可能發生。

當時我就觀察到，私小的同學很容易表現出莫名的優越感，而且有些同學眼裡真的只容得下社經背景較好的同學。

李家同曾說過：「一個國家如果優勢家庭的孩子都從私校畢業，將來會有一種問題，那就是他們完全不了解真正的社會。比如，他們可能會對弱勢孩子的教育沒興趣，但政府的政策又完全是菁英份子擬定的，如果菁英份子對國家整體的教育漠不關心，國立學校的教育就永遠會被忽視。」

雖然新世代早不愛聽類如李家同等ＬＫＫ的意見，但是因為自己的親身經驗，我卻相當認同他這個想法。

所以，對於孩子，我當然讓他們順其自然就讀學區內的公校，當然，我們也非常幸運，因學區內學校辦學認真，口碑極好。

儘管如此，班上還是會出現弱勢學生或是特殊兒，但我認為這些同學是孩子的天使，能讓他們學習同理、包容不同的人，以及更多樣的社交技巧。

比如說，孩子班上有一個孩子來自單親、又隔代教養的低收入戶，她每天出門前都要先幫臥病在床的阿嬤準備好食物和水，回到家要攬下很多家務事，還要照顧尚在襁褓中的弟弟，孩子看到這類同學的真實生活後，不僅珍惜所有，更激發出同理心。這些不同面向的學習，絕不輸給學科上的學習。

公校就是真實社會的縮影，孩子無法選擇同學，甚至無法選擇老師，這讓孩子不得不學習更彈性、更靈活的社交技巧，因而能更具韌性。

多元入學時代，只會考試真的不夠！

研究顯示：比起多元入學，聯考更不利於弱勢、非都會學生。
當全世界大學都希望更全面考慮學生的潛質、特質與未來發展性，
還有以「收到背景更多元的學生」為目標時，
我們當然不能再走回頭路，而要讓「多元入學」愈走愈完美！

我問就讀高中的孩子們支不支持現在的「多元入學方案」，也就是讓所有高中，包括各鄉鎮學校的優秀學生都有機會透過「繁星推薦」，或者透過學測與面試的「個人申請」來進入大學校系？家裡兩個高中生都異口同聲說當然贊成；再問他們如果回到「聯考時代」好不好？兩小子都大力搖頭！

我進一步問：「但是，不管家長、老師還是校長，都有很多人反對『多元入學』，因為他們認為有錢人可以學習多種才藝、參加活動、比賽，堆出漂亮的備審資料，這樣當然容易被錄取，這樣有利於資源多、家庭社經地位好的學生！大家各

憑本事來考試，不是最為公平嗎？」

沒想到，孩子的回答是：「考試不也是這樣嗎？有錢人的孩子想要考得更好，就一定會花大錢找名師、請一對一家教、找名牌補習班，若純憑考試來選才的話，對有錢人家的孩子一樣很有利吧！」

孩子的反應倒是激起我對這個問題的強烈好奇：到底聯考制度或是多元入學，哪一種方案對弱勢者比較有利？

才搜尋資料，就立即跳出很多數據確鑿的研究論文。當我也憑著想當然爾的直覺、隨著媒體人云亦云的風向加入了「多元入學＝多錢入學」批判大隊時，赫然發現多數研究都支持兒子們的隨口假說，也就是「聯考制度更不利於弱勢學生」，因為透過「一次性考試」而上頂大的學生有更多的比例是來自台北、高社經地位家庭；相反的，自「多元入學方案」推行以來，家庭收入落在後半段、都會區以外學生能上頂大的比率反而逐年升高。

因此，若要講求公平、想要達到「照顧弱勢、區域平衡」的目標，恐怕「聯考制度」不會更高明！「多元入學＝多錢入學」無疑是個假議題。

只會拿高分的考試高手，OUT！

不過，多元入學推行以來，的確出現過令人憤憤難平的案例。去年有一名學測六十五級分的學生，透過「繁星推薦」的方式被「中國醫藥大學醫學系」錄取；但此同時，卻有八位學測滿級分的考生，透過「個人申請」的方式被擋在大門之外。

不少從聯考時代走過來的父母師長，看到此則新聞時都忍不住跳出來大肆批判：「多元入學根本不公平，分數高的竟然被刷掉，這是個超級爛制度！」

到底那個六十五級分是何方神聖，沒考試本事卻名正言順成了正宮，這有天理嗎？

不過，翻開醫學龍頭台大醫學院對於「個人申請」的學測級分所設定的比例，會赫然發現竟然是「0」，這表示台大醫學院對於「個人申請」入學者根本不看重學測分數，這種訂分標準的背後到底是什麼奇怪的思維？我們再看一個例子。

有一位台大化學系的同學趙彣，他的論文登上了在國際學術上極具重量的《科學》期刊，受到學界的矚目，但是回溯這位學生當年的學測，卻只拿到六十級分。假若當年只看重他的筆試成績，趙同學根本上搆不上台大的邊；但透過甄試，評審才得知他曾參加過化學奧林匹克選拔營，他在考試能力以外對於化學的潛能與熱情，才能被一一挖掘。

這就是多元入學背後的思維：應當要更全面性的考慮一個學生除卻分數之外的潛質、特質與未來發展性，才可能找到最適合、也最具發展性的學生；**考試，是用一種僵化的「公平」方式來處理學生差異，其實是另一種不公平！**

而放眼國際，這樣篩選人才的方式已成世界不可阻擋的潮流。以史丹佛大學為例，該校認為一個卓越大學的學生組成，一定要多元化。如果只講學術優秀，那麼來念書的可能都是學者的小孩，這樣就會讓校園成為階級複製之所。

因此，史丹佛的學生來自全美各地區，遍及了九十個國家，包含非裔、亞裔、西裔，少數族群超過了五十％。曾經有GPA、SAT都拿高分、又是鋼琴州比賽冠軍的學生被刷掉，因為在評審看來，這類學生是被父母過度安排的結果。若是招收家庭社經地位不高、但進取又有想法的學生，或許能帶進不同的思維，比如具有經營非營利組織的使命感，因其個人成長的經驗而發願去影響更多的人。

這同樣也是柏克萊大學的選才目標——希望收到不同背景的學生。因為，「當**面對問題時，背景不同的人能提供不同的解方。這些解方，每個學生會依據不同的**

生活經驗，發展出不同的解決問題的模式，愈多元愈好。」

看看世界，想想自己，台灣可能回到聯考時代嗎？當然不！雖然考試很重要，但是只會拿高分的考試高手在全世界都不再吃香！

備審資料升級版——「學習歷程檔案」讓孩子更適才適所

不過，學生自行準備的學習歷程檔案，也就是「備審資料」，目前五花八門，格式不一，又是在學測考完之後短時間才整理拼湊完成，有的學生乾脆花錢請專人製作美輪美奐的備審資料，然後撒錢南征北討參加面試，這樣的甄選過程的確令人質疑是否公平。

「多元選才」既然是目前全世界擋不住的潮流，當然就要儘可能做到公平公正！想找專人設計華麗又充實的學習歷程檔案嗎？請注意，108課綱將做成統一的格式！

想不斷增刪調整內容，讓檔案更具可看性嗎？從高一開始，每個學生就必須開始進行記錄，而且為了公平，每學期記錄完畢就不得更改。

「學習歷程」檔案到底有什麼？包含了以下三大部分：

一、基本資料：自傳、讀書計畫。

二、修課紀錄：修課的成績，包括必修和選修課程的學業表現，以及學習成果，要有具體的作品，如實作作品、書面報告、評量

三、多元項目：包括幹部、競賽、社團活動經驗，校外活動、志工經驗，語言或技能檢定證明。

未來，大學入學的評比至少有一半是由「學習歷程檔案」來決定。什麼樣的學習檔案才吸睛？過度堆砌、目標分散、華而不實的檔案未必會受到評審青睞；實在、獨特、個人經驗值高、與領域相關、能展現學生自身感受與想法、夠真誠的檔案，才能打動評審！

該補強科？還是補弱科？

這個問題在國中端與高中端有不同的考量。

因為國中是培養基本學力的階段，每一個學科都被認定是基礎教育內容，也都是會考的必考範圍。既然「會考」目前仍是選擇高中職最重要的評比條件，當然就不能棄弱科於不顧。因此在國中階段，不要輕言放棄弱科，而是要在能力範圍內盡力學會每一科，達成自己可達成的目標。

但是到了高中，隨著生涯的探索、記錄學習歷程而迫使學生都必須聚焦於自己的潛能發展方向，此時當然就要少耗損心力於弱科以及與未來學群不太相關的領域，而努力讓優勢加倍發光，因為這樣才可能讓一條清晰的職涯發展路徑逐漸成形。強科當然要想辦法變得更強、超強！與未來學群相關的科目當然要大膽投注加倍的心力，每個人的精力與時間有限，對於較無關聯的科目或是無緣的弱科，就放膽讓它們成為過客吧！

我家小子有就讀優質社區高中者，也有在傳統前三志願者，但是在教改新浪潮、考招新制下，「學校的階級差異」將愈來愈不是主導升學最重要且唯一的因素，不論是讀私中、社區高中還是傳統名校，誰能亮出聚焦清楚、具體、豐富、有系統、成果豐碩的學習歷程檔案，誰就是贏家！

從聯考制度走過來的師長父母，包括我自己，都知道準備大考需要周詳而有效的「讀書作戰計畫」，規劃進度並且運用策略以奪得高分；但是在多元入學時代，如果仍以這樣的舊思維面對考試，是不夠的。如何在高中三年鎖定方向，並且能完整、豐富又具體的呈現這些學習歷程，絕對需要不同的戰略與計畫！

5

預先儲備堅實的學習力

108課綱，幫孩子把「對的力氣」用在「對的方向」

我不會樂觀地認為考試競爭的壓力在國中端會有多大的改變，但變革後的命題趨向會對老師們的教學方向與教學方法產生一定的影響，也會帶動父母與孩子提前去思考未來的生涯方向，進而找到屬於自己的「明星高中」。

藝人郜智源的兒子郜靖今年學測考了七十四級分，個人甄試四連霸，一口氣連上台大物理系、台大電機系、台北醫學院醫學系和陽明醫學院醫學系四校。

不過，卻引來一位律師林智群的反思：

「……昨天跟電機系教授說他對電機有興趣，今天讓物理系教授認為他是物理奇才，後天又向醫學系教授表示他對拯救人命充滿熱情，這怎麼看都覺得奇怪吧！

郜智源小孩的困境，其實跟二十幾年前的我的那一代遇到的毫無二致，就是能力很強（至少向社會證明了自己很會念書），但是沒有方向感，不知道自己喜歡什麼……」

正確的方向，比馬力十足更重要

林律師把考高分的學霸比喻成馬力強、性能好的車子，他感嘆，二十年過去了，大家還是在培養馬力強的車子，但馬力再強的車子，若不知道目的在哪，也可能浪費能源走了一大段冤枉路，倒不如開一部小march，朝向明確的目標行駛。

但事實上，郜靖並非特例。放眼望去，又有多少中學生真的能及早找到自己的方向？原因不見得出在孩子本身，倒是我們的教育模式，根本沒能給予年輕學子有足夠的時間與養成環境尋找方向，要他們在首次的人生路口上精準無悔地抉擇，不免過於苛責。誠如林律師所提出的省思：「在引導小孩探索興趣及未來方向這方面，大人們做的真的夠嗎？」

每年大考，媒體、師長們最關注的，都是有多少滿級分、多少建北生，「分數菁英產量」總是被放大處理的新聞，更是各校用力追逐的績效指標，在此一成不變的價值觀之下，學生自然不可能覺得花費力氣思考生涯方向有多重要。

我們的教育體制一直不覺得「幫助孩子導航」是一件最重要的事，即使教改已不斷朝此方向調整，但從執行面來看，大多都是徒具理念而無太大幅度的更動；而近幾年來，雖然課程內容已不斷調整，但因為最終的招考方式仍是「先比國英數社自的主科分數」，所以中學生當然覺得不必想太多，甘願做個考試機器，無所不用其極地把主科考到最好最實在！反正不論當醫生、工程師、老師、研究生態……，要具備的條件都大同小異：比國文英文的分數高低，頂多依據類別不同，再比數理或社會。

這樣的招考制度自然帶出一批又一批「延遲探索自己」、甚至「從不認識自己」的孩子；而中學讀得太累，到大學當然就落入「任君玩四年」，因此，孩子畢了業才發現，所學非所愛，所學無所用。

為孩子的人生加裝導航

108課綱彷彿是為學生加裝了導航系統，特別是高中課程，大幅降低「必修課程」，而提高了「選修課程」，每個孩子可以根據自己的興趣潛力來選擇課程，不再固定於同一個教室，而是根據自己的「選課表」跑班，甚至可以離開學校去修習多元課程，打破既有的統一課程框架，走向「一個學生一個課表」。所謂「適性揚才」不再聊備一格，而是真正從執行面改革，就算孩子從未意識到自我探索的重要，但是課程的規畫自然能引導孩子去思考自己的發展方向。

更重要的變革，在於大學端的招考方式。大學學測的權重將不超過五十％，另外至少五十％則要採計在校的學習歷程與表現，而每個科系會根據需要而特別看重選修科目的表現，這更會迫使孩子提早思考「什麼是自己想學、可學而且必須學的」，這樣，學習就能夠對應到自己的潛能特質，學習的能量將更能聚焦，學習的動機當然就更強，也更能學以致用。

呼應到我在首篇文章裡所說的：「『不喜歡讀書』不代表『不需要努力』」，但願這句話有機會能改寫成：「因為喜歡學習，自然願意努力，甚至自動讀書、做研究！」

更貼近生活的跨領域學習

只是，如果把108課綱往下看，會發現國中端的教育內容仍是統一菜色，這當然是因為國中仍然是基本學力的養成階段，所以供給每個人雷同的學習養分。

而國中會考也仍然主宰著升學的生殺大權。雖然十二年國教已實施了幾年，但是我們發現多數國中端「老師為考試而教學、學生為考試而讀書」的僵化現象仍沒有轉變，課綱裡雖有交由學校安排的彈性課程，但為了升學，仍然是主科的延伸；而考試分數評比改成A、B、C三等級，希望藉此擺脫「分分計較」，但是除了偏鄉之外，大都會地區以「補習、苦讀、應考」的學習模式不僅沒有改善，反而更升溫，甚至為了能在多元學習上加分，把參加比賽與才藝當成大補丸。

不過，新課綱在國中端的規劃內涵與大考方向，卻有本質上的變革：過去的教育方向是「學習知識」，新課綱則強調培養孩子的「素養能力」，也就是要孩子擁有自我學習、解決問題的能力；過去是分科學習，新課綱則慢慢走向「跨領域」、貼近生活情境；而主科的設計，則更貼近時代脈動。

比如到了國中便嚇走一堆孩子的數學，過去的教材是一個大單元接著一個大單元的教，孩子如果在某一個單元被卡住了，恐怕就沒機會補救；新的課程則將大單元分散到各年級，讓學生螺旋式的學習，而艱澀龐雜或是用處不大的部分，如三角函數，都予以刪除，免得孩子愈學愈無力、愈學愈反感。

國文課文的文本類型，不再限於文學性，並降低一定比例的文言文；因應時代變遷，將加入更多工具性、文化性、生活性的文本，如科普文章、雜誌報導等，篇幅將增加，課文長度也變長，一改過去強調拘泥字句的學習，而是提升閱讀的理解力、省思力、批判力以及表達能力。

關於國中會考的命題趨勢，也將延續著考核「素養能力」，也就是知識的理解、判斷與應用，重在解決問題，而非知識的吸收與記憶，因此考題將更為靈活、題幹的閱讀量更大。

找到自己的明星高中

既然國中會考仍然佔著一定的重要性，我不會樂觀地認為考試競爭的壓力在國中端會有多大的變化，「考試引導教學」在體制內學校勢必不會改變。然而，變革後的「命題趨向」必定會對老師們的教學方向與教學方法產生一定的衝擊，也一定會慢慢帶動家長們改變「學科」學習內容的認知。

父母孩子甚至必須提前思考該如何選擇高中，因為108課綱之後，每個高中所能提供的資源不盡相同，必定會發展自校的特色，而未來大學端招收學生時不再只看成績，而是考慮學生在高中時是否選修了相關的課程與活動經驗，這些雖然不見得能明顯紓解體制國中生的考試壓力，但卻可能有一個極度重要的影響，就是一定會帶動家長與孩子提前思考自己的生涯方向。

過去，多數孩子到了大學學測完都還不清楚自己的發展方向；**將來，孩子在國中時就被引導要看到選校的方向，這將讓孩子愈來愈能將「對的力氣」對準「對的方向」**。我們也樂見未來的孩子更能擺脫明星高中的束縛，心中真正亮起了自己的「明星高中」。

成績就像病歷或存摺，是個人的隱私

孩子剛上國中時，導師曾針對「是否該公開成績名次」這個問題對全班家長進行調查，結果發現，大多數家長都希望每一次段考都能公開排名，而我則屬於少數反對者之一。原因是，我認為只要孩子清楚全班各科分數的分布狀況以及自己的落點，就可以達到自我警惕的作用。成績就像病歷或存摺，我認為是屬於個人的隱私。

但是班上家長咸認唯有公開排名，才能有效刺激孩子，達到彼此競爭的目標，這對逃不開大考的孩子反而是好事。

然而，根據法規，這麼做顯然違法。於是，老師設計了很巧妙的方法。他絕不公開排名，除了發放校方統一的「個人成績單」之外，老師會在每個人的聯絡本裡寫下每個孩子在班上的名次以及建議，除非孩子自己張揚、忍不住彼此比較，否則無法得知他人的分數及排名狀況。這不但可以滿足焦慮父母的需求，讓他們能清楚掌握孩子的落點，但又能保護孩子的隱私權，在體制國中不失為顧全現實面的好方法。

108課綱若推動之後，成績單在高中端勢必會有很大的變革，因為「一人一課表」，每個人成績單的呈現就不盡相同，當然也就無法再做整體相對的比較，這更能促使正在快速發展自我的高中生對自我負責。

大學選才方式大變革：活用科技，適性揚才

資訊科技不但是孩子在學習與活用新知時的重要媒介，更成為大學科系的耀眼新星。而學生在高中時是否曾選修與自身潛質相關的課程，也是大學端選才的重要依據。

我家大小子從國中開始就是個超級電影控，在重重課業壓力之下，不僅抓緊空檔狂看電影，更利用兩個暑假自編自導自演了兩部電影；到了高中，他的電影魂更加速壯大，每有影展必追、爭取參加電影營隊、把音樂課的ＭＶ製作當成年度大事；此外，他還動員同學拍微電影參加比賽，寫小說劇本、自創粉絲頁記錄電影心得。

在過去我們的年代，這樣的孩子絕對會被視為不務正業的玩咖，與根深柢固的「勤學」價值大相逕庭，他必定是老師眼中的頭痛人物，更是父母心中無可救藥的

墮落分子。

然而，在這個選才方式不斷變革的時代，我反而要跟這個反骨的兒子獻上感謝，因為不勞老媽出手，小子就自個兒順應著自己的興趣與潛能發展方向，一路累積了大大小小各種鮮明的「自我學習履歷」，能自我探索、樂於自主學習、順性累積各種相關經驗值，這不正是108新課綱所強調的選才條件嗎？

樂在其中的「學習型玩咖」，才是潛力股

教育部曾針對大學端十八個學群做「選才需求」的調查，發現在教改這些年來，不同的學群都發展出自己鮮明的選才趨向，在傳統學科之外，學生個別的「學習歷程」反而更具決定性。例如：「外語學群」看重的是學生相關的檢定證明；「社會心理學群」則強調自傳、讀書計畫與服務學習經驗等；「大眾傳播學群」則看重作品、競賽表現與學習檔案。

除此之外，大學端在面試時會探測學生「統整知識與應用知識」的能力，以及選擇該系的動機，這是因為大學各科系都體認到，與其選擇「高分績優卻沒有明顯動機」的學生，不如選擇對該領域具有興趣、有熱忱、有想法、對自我有清楚認知

的孩子。而這幾年執行的結果也發現，透過「多元入學方案」進入大學者的學業表現，反而比「考試入學」者好，退學率也低，這或許是因為學生所選、所學符合其性向潛能，因而上了大學後無怨無悔、樂於學習，所以學得更好。

曾混過幫派而浪子回頭、榮獲美國教育學會「實踐家獎」的台師大教授謝智謀曾對於「什麼樣的人能被大學面試官吸引」這個問題提出看法，從中可以得知尋找「潛力股」將成為大學選才趨勢：

- 知道自己為什麼要念這科系。
- 對生命充滿著熱情，對事物充滿好奇。
- 自信但不自傲，謙卑但不自卑。
- 有一份屬於自己專業或生命藍圖的勾勒。
- 對國際視野或一些族群的需要有特別關注。
- 對於專業知識的思維與理解，相當充足；對於未來專業領域的路，也非常清楚。

因此，就升學的現實來看，過去父母想盡辦法幫孩子找名師、強逼補習、巴不得孩子把全副精神都花在重複練習傳統科目之上的做法，已不完全適用，而且反而有可能讓孩子落入「高分落榜」的窘境，因為除了成績之外，若是孩子拿不出實質的表現來佐證自己具備與該領域相關的優勢，也可能成遺珠之憾。

國英數理不再一枝獨秀，新科技急起直追

今年國中會考有一則新聞很吸睛，雲林有一名考生拿下「測驗題全對、作文滿級分」的超優成績。他在受訪時表示，「家裡平常不開電視，沒有網路，也沒有手機，在家裡的時間都是在閱讀。」不料這則新聞引起了抨擊，有人以為，與科技隔絕的學霸或許離名校愈來愈近，但卻可能和現代世界愈來愈遠。

在我們高度懷疑孩子濫用新科技做為娛樂等毫無建設性的活動時，其實新科技已成為N世代難以脫離的學習沃土，就像植物的生長無法沒有陽光、空氣和水一樣。

所以，我看到鄰家小六的孩子在研讀記憶性科目時，懂得用手機錄下自己的念誦，然後反覆地聽，這樣背得又快又不費力；他也常將筆記拍照，成為獨家小抄，隨時可以研讀。

暑假時，我家喜愛生態的小子自行上網修習生態課程，並接受網上測驗，因此

拿到了志工證書。

放學時分，孩子的一群好同學在公園聚集，他們時而表情嚴肅、時而談笑風生，比手劃腳，其中有人拿著手機不停地拍攝，同學們跟我說他們在做報告，想用拍攝戲劇的方式來呈現自己的報告——「拒絕陌生人搭訕的九種方法」。

段考前，高中孩子跟我搶電腦，因為老師把課程都做成影音、把重點都整理成簡報檔，上網就能讓老師的原音重現，還有條理分明的文字重點，多感官輸入，簡直就是私人家教！

也有尚在念小學的同學很快就用自學的方式成為程式設計高手，幫同學設計了非常順暢又有趣的遊戲軟體。

科技，絕對是孩子必須追求的目標，也絕對是手段，他們別無選擇的，必須用「科技」來緊追「科技」，才可能鍛鍊出堅強的競爭力，這是不可能改變的趨勢。

近來教育部針對大學十八個學群做了「選才需求調查」，沒想到重要科目竟然有所洗牌，雖然國文、英文仍是大學端最重視的科目，但緊接著排行在第二名、第三名的科目，既非數學、也非理化史地，而是「資訊科技」與「生活科技」。

此外，竟然有高達十一至十二個大學學群認為上述這兩個領域都非常重要，也就是資訊科技所需要的運算思維能力、邏輯思考能力以及數位資訊素養；而生活科技則側重跨領域的整合能力以及動手實作的能力。反倒是傳統的主科——數學，其重要性竟落到第四名，更遑論史地理化等傳統考科。

與時俱進的必、選修課程

108新課綱為了順應時代變遷的需求，也新增了四大必修課程：國高中增加了「資訊科技」，小學增加了「新住民語言或本土語」，「生命科學」融入綜合活動成為必修，高中增加「自然科學探究與實作」。

而在「加深加廣的選修課程」調查中，不同屬性的科系更細分出自己的選才特色。例如「資訊學群」最重視的是「進階程式設計」與「科技跨科專題實作」，接著才看重英文與數學；而「管理學群」除了國文、英文、數學之外，看重「進階程式設計」與「科技跨科專題」；「大眾傳播學群」則看重「藝術跨科課程」；「遊憩運動學群」看重「健體領域跨科課程」，學生在高中時是否有修習相關加深加廣的課程，將成為大學端選才的重要依據。

以下兩點，就是108新課綱重要內涵，也是最重要的選才依據。請各位老師與家長務必留意：

- 讓孩子吸取資訊科技的知識與技能。
- 讓孩子對自我潛質有清晰的認識，使之能主動熱切追求相關知識技能，並拓展經驗。

再回頭談談我家的電影狂小子！事實上，只要考試不滅，莘莘學子傻傻拚考科的精神就不會消失。因此，無論教改再怎麼改、考試比重再怎麼調降，在體制內升學必定仍是「考」海無涯無盡處。

即使電影狂小子在高中三年已經累積了一筆又一筆的漂亮學習歷程，但是當學測將近時，我得誠實的說，我對他「務實、認真面對考試」的期盼絕難消失，畢竟還是得拿出漂亮的成績才能先取得基本的入場券。因此，我告訴電影小子：「萬事俱備，只欠東風！」這個東風，就是面對學測時，還是得認份的複習「考科」、投注心力訓練自己的考試反應！

孩子首次行動上網，每月1至2GB就已足夠

我家大兒子高中才要求使用手機，在店員的強力推薦下，選擇了一個「學生型月租方案」，此方案免費贈送半年上網吃到飽，非常好康！

跟老朋友聊到此事，沒想到，家長都對「學生吃到飽優惠方案」非常感冒，因為此時期的孩子根本不需要上網吃到飽，畢竟胃口養大後絕難回頭，不少朋友經常為了孩子上網大爆走！

到底孩子需要多少網路流量？我們先對流量有個粗淺的認識：1GB是1024MB，若只是上臉書，大約十分鐘只會消耗數個MB，使用Line則更少；但若是觀看影片，大約三分鐘就會耗去10至20個MB，打電動也相當耗流量。所以，如不希望孩子過度迷戀遊戲或觀看影音，每個月設定1、2GB已綽綽有餘，給孩子無限暢飲，就是父母挖坑給孩子跳。

事實上，回到家就有wifi，處處都有熱點，不少公車、捷運站也都有免費上網，因此，孩子其實不需要太多「行動上網量」。

如果父母知道孩子自制力較差，那麼第一次提供「行動上網」時就要謹慎考慮，以購買「預付卡」來儲值。因為流量有限，孩子才有機會練習自我控管；國中

以下的孩子，甚至毋須急著提供行動上網。

此外，為避免一場場親子攻防戰上演，打從一開始父母就要跟孩子一起訂定規則：讀書時將手機放在公共區域，甚至在客廳開設一個「停機坪」，晚餐後，大家都把手機停在此，父母以身作則，孩子就會心服口服。

有些電信公司也可以設定上網時間，比如中華電信有「健康上網時間管理系統」；孩子出門在外，也有管控方案；再如「台灣之星」有親子方案，可由家長來設定孩子行動上網的時段，這些系統將是父母輔助孩子養成好習慣的利器。

會考新時代的生存之道

成績分布在不同區塊的學生，都有各自要面臨的選校問題。

高分群的前段學生，選擇有特色的學校尤佳；

中段學生則可就近入學；

後段學生若能選擇自己所愛，日後也有機會能逆轉勝。

國中會考結束，又是幾家歡樂幾家愁，我聽聞幾個在學校常常拿第一的孩子都意外的小失常，從原本眾所矚目的第一志願中落馬，反倒是好幾個平常段考從未達到頂尖的孩子以黑馬之姿竄升，跌破大家的眼鏡。

即使與傳統的第一志願無緣，但學術優秀的孩子也絕對不出眾人仰望的幾所明星學校，因此，我安慰著這些極度優秀的孩子以及他們的爸媽，即使暫時與第一志願失之交臂，但若能找到自己的目標，持續努力，三年之後達到自己的理想校系，才算正港的第一志願！

然而，養兵千日，用在一時，對這些頂尖孩子而言，光是制服顏色就足以讓世界從彩色變為黑白。

有一個成績頂尖的孩子自從拿到成績單之後就鬱鬱寡歡，常常以淚洗面，在她有限的生命經驗裡甚至很難想像，將來坐公車時，看到功課一向不如她的同學穿著耀眼的制服時，她情何以堪？我聽媽媽轉述，女兒甚至放話說：「我乾脆選擇最近的學校，走路上學就好！」

各分數族群的選校建議

以上是會考高分群的真實情景，我們再看看中分群的孩子。拿到會考成績單之後，有一個1A4B孩子的媽來和我討論如何選填志願。其實，看到琳瑯滿目的學校，再比對坊間提供的各校成績落點預估，我真的傻眼了，因為這個範圍內的學校非常多，高中高職皆有之，分數落點的預估不見得精準；再加上無法揣測別人的選校抉擇，而且短時間也無從透徹了解每間學校的辦學特色、理念、校風、通勤方式等是否適合孩子，所以我實在很難給予什麼高明的建議，只能保持沉默，以免誤導。**如何在有限的時間裡做最好、最適當的選擇，並有技巧的填寫志願，讓選填的志願不落空，是中分群孩子的大難題。**

再往下看，成績屬於後段的孩子，他們也有要面臨的問題，因為分數不高，籌碼有限，所面臨的第一個抉擇就是到底要選擇高中還是高職？一直以來，國中畢業生選擇就讀高職者超過了一半以上，比如一〇五年有三十三萬多人選擇高職，超過選擇普通高中的三十一萬多人。

而高職有十五個群科、七十五個科別，該如何選擇適合的目標，從而能順利的讀出興趣、發展出一技之長，實在需要對自己的能力與興趣有非常清楚的認知，因此這個區塊的孩子須比其他人更早釐清人生的發展方向，到底適合什麼樣的職業群科，該怎麼選科系，打從一進入國中就得多方自我探索。

看來，成績分布在不同區塊都有各自要面對的問題，在會考時代，絕對需要更新觀念，才能做出最佳抉擇。

高分族群：名校差距小，錯失一題差一所學校

因為會考評比已從100分級距改為七個等級（A^{++}，A^{+}，A，B^{++}，B^{+}，B，C），雖然免去了分分計較，但卻讓分數階層模糊化，再加上命題趨向簡單容易，因此高分群的分數幾乎是差不了多少。這造成**會考對學術菁英群未必有真確的鑑別度**，在

高分群裡，多錯一題，就可能掉一個級距，而差了一個級距，就差了一所學校，因此，學術程度好的學生若是一時粗心，很可能就大意失荊州掉了一個學校。

相反的，若是考運特別好，矇對了一題，也就竄升一個學校。在過去100級距精確區分的時代，這是絕對不可能發生的，但是，成績只分七個級距，模糊地帶增加，當然就難以做細緻的區分。高分群的孩子一定要有的心理建設是，只要最後落在高分群相對應的傳統學術名校範圍之內，都屬學術菁英，絕對要打破過去制服顏色壁壘分明的舊思維。

再者，在教育制度上做最大改革的108課綱完全顛覆了高中教育制度以及大學選才方式，能用各種方式來證明自己是朝著既定目標而努力、有職涯方向感的孩子，才掌握了對自己最有利的籌碼。未來，高中名校的差距將會被各校的「辦學特色」所取代！

成績中至中上：「就近入學」是最高指導原則

教改的重要工程之一就是要讓高中高職普遍優質化，近幾年，很多社區高中都盡其所能的辨出自己的特色與績效。從大學學測的成績來看，社區高中的表現愈來愈好，一〇六年度學生透過繁星推薦升上大學績效最好的前十名，有九所都是社區高中。

繁星績效連續數年列在前十名之內的林口高中校長賴春錦就說，成績中到中上的孩子不要陷入差距不大的「排名思維」而以為分數不可以浪費，事實上，**選擇就讀附近的社區高中，可以省去上下學的時間，多出時間好好休息及複習課業，也可能在升學之路上有更多的可能性。**

中段學生：別拖到成績單到手才思考如何選校

PR值30到70的孩子，約占整體人數的一半，是範圍最廣大的中間族群，這群孩子在面臨選校時最難抉擇，因為選擇範圍非常廣大，從公立高中後段、公立高職、私立高中，到私立高職前段，要從中選出適合自己又能上得了的理想學校，填寫志願需要最周延的考慮與技巧。

對於這類的孩子，父母需要更仔細觀察孩子的學習模式，而且更要坦然接受孩子成績的真實落點，抱持合理的期望。

曾經有個成績一直落在此區段的孩子，他傑出的醫生爸爸一直對他抱持著極高的期望，甚至從國一開始就不斷對他放話：「高中的目標就是要鎖定爸爸的母校建中！」

這孩子每一次考不好，爸爸就重度的檢討，然而，直到最後一次模擬考，這個孩子的成績從未有奇蹟式地跳升，但爸爸卻始終阿Q式的堅信孩子絕對具有和他一樣的學術潛能。

當然，會考可不是神話，沒有神蹟，孩子當然就一如往常考了好幾個B，此時，爸爸已經不是失望兩個字，而是慌亂！因為他從未預料到這樣的結果，面對孩子成績落點所對應的幾所學校，他一概不熟悉，然而在接到成績單之後的短短一、兩個星期，卻一定得弄清楚孩子到底該選擇高中還是高職，更要了解每個學校的特色、升學表現等，這個爸爸只好天天請假帶著孩子親自到每所學校參觀，緊鑼密鼓的和親朋好友打聽每個學校的學風。在忐忑慌亂中，交出了一張命運未卜的志願卡，就像是簽樂透一樣，最後到底會到哪，錄取的學校如何，全憑自己賭對了沒！

針對這區塊的孩子，選校可千萬不能從拿到成績單之後再來考慮。打從孩子進入國中，就應該持續觀察孩子的學習動向，並且坦承和孩子討論，對學科的興趣到底有多少？如果要走高中路線，適合孩子程度的學校有哪些，平常就要陸續蒐集資料，了解每一所學校的狀況，其風氣、特色、交通狀況、就業或是升學表現等。如果孩子適合職校，那麼能力與興趣又會落在哪一個群科？父母更要特別去了解學校所提供關於孩子「生涯探索趨向」的相關資訊。

有太多例子證明，只要是適性發展，讀對了學校，選對了科別，孩子的潛能得到了開發，不斷累積專業與技能，最終在職涯上就能穩定發展出自己的一片天空。

成績中後至後段：選擇自己所愛，仍有可能逆轉勝

這一區塊的孩子，大都會選擇職校就讀，所以更該及早探索自己的職涯性向。如何幫助這區塊的孩子發掘自己的強項，爸媽與孩子要一起面對、一起做功課。

不過根據觀察，國中生雖有超過半數進入高職，但是卻只有十％到二十％的學生在國中曾上過相關的學程，這顯示了一個嚴重的問題，就是許多選擇高職的孩子直到填寫志願時，恐怕都還沒做好功課以釐清自己的方向，不少人完全是憑著媒體或是親友的口耳相傳，糊里糊塗的就進了自己也弄不清楚的科別。

此區塊的孩子所對應的學校是公立高職後段或私立高職，選擇的最大原則當然不是成績，而是「適性」。填寫志願時，要先以自己想念、有興趣的為主，即使競爭激烈的職科也應該放手一試，接著才去選擇未額滿、無須超額比序的學校。因

此，這區塊的父母一定要不斷陪伴孩子、鼓勵孩子尋找方向、發現自己、發展潛能，這群在學科上深受挫折的孩子，非常可能因為高職選對了方向，透過動手操作或累積證照而累積自信，終而能逆轉勝。

高中好？還是高職好？

大多數人對這個問題的答案都是：會讀書的就去讀高中，不會讀書的去念高職，而目前反映的真實現況也是：考試考得好，就選擇高中；考不好，只能選高職。似乎選擇的依據都在於成績。

考試反映出一定的學術傾向與能力，當然有一定的參考價值，但事實上，真正的考量乃在於學習模式的不同。有的人也很會考試，但更喜歡透過實際操作來學習，這樣的孩子未必一定要選擇高中，如果已經很清楚自己的方向，提早選擇職校，再繼續就讀科技大學，將能累積更扎實的專業技術能力，這樣的發展也很好。

具有以下的特質，請鼓勵孩子選擇職校：

- 喜歡動手實際操作，對做出具體的服務、作品或器械有熱忱與成就感。
- 已經清楚自己的方向
- 對長時間靜心研讀書本較缺乏耐性。

以下特質的孩子，則適合選擇高中：

- 比較擅長研讀、分析、記憶、歸納資訊。
- 對長時間研讀具有耐性，並能秉持毅力面對各種考試挑戰，至少不排斥。
- 尚不清楚自己的人生方向。

當然，人的性向並非絕對的二分法，也不會永遠不改變，有的孩子是因為還不清楚方向，所以先選擇高中來延長選擇的時間。更有喜歡動手做的孩子，在不斷做出具體的成品之後，反而回過頭來把實務經驗化為理論，因而轉為在學術上繼續深造。

不少業界反而喜歡錄用真有技術底子的技職或科大學生，因為已經具備基本工作能力，不需要從頭訓練起。然而，也有業界不斷反應，技職或科大路線的學生外語能力較弱，阻礙了發展。

因此，不論走技職路線、高中大學路線，都須具備一定的語言能力，並且肯做又肯學，才有未來！

學歷貶值，窮忙「薪」酸，青貧世代的未來只是夢？

廣設大學是利是弊迭有爭議。

就目前的「學歷通膨」的現象看來，我想是因為「高階人才」供過於求，再加上產學落差，學校培育的人才與產業所需的人才不符，這些都可能使學生在延誤四年後才開始探索自己、思考人生。

過去十幾年產業的結構並沒有太大的改變，再加上少子化，目前大學生占了同年齡人口達七十％，但適合大學生從事的專業工作卻不到四成。

滿街的大學生，卻找不到相對應的高階工作，我們給了孩子中看不中用的虛浮學歷又有何用？

窮孩子上大學，讀不出專長還得先還債

在一所桃園的國中演講時，曾有位輔導老師語重心長地告訴我，實在有太多孩子根本志不在學術研究，更不擅長考試。

這些孩子有的一上課，就神遊太虛、心不在焉；有的是任憑如何發奮用功，就是讀不出一朵花。但若是將這些孩子放到實際的操作環境裡，有不少人卻生龍活虎，學習力立刻死灰復燃；有的孩子雖然對書本沒興趣，但是在人群中總是最主動、最喜歡服務別人、為團體效勞者。

然而「唯有讀書高」的傳統觀念深植於父母心裡，在廣設大學之後，這些原本根本不應該以「學術發展」為路線的孩子，卻為了沾染「大學」耀眼的光環，最後都選擇了大學，當然，他們多半進入「後段私立大學或後段科大」。

老師無奈的說：「廣設大學真是大錯誤，迎合父母愛面子的心，卻實實在在苦了孩子！因為在階級複製之下，這些孩子有很高的比例是出自收入不豐的家庭，孩子為了讀私大，只好申請助學貸款。但是，在這些大學讀書，又磨不出真正的一技之長，因為他們根本不是做學問的料，大學四年，不少人幾乎都在浪費時間，只等著混文憑。

最令人痛心的是，家裡已經沒錢了，需要他們畢業後趕快賺錢，但他們一畢業卻找不到好的工作，還要先去想辦法償還助學貸款，更是雪上加霜！我真的看到很多家庭太辛苦了，而孩子畢業後找不到適當的工作，還有的窩在家裡更變成了宅男，而成為家庭問題！這種惡性循環何時了？」

我想，如果把經費放在提升職業學校，確實把這些孩子真正的性向、潛能對準產業所需，激發並訓練他們的技能，在社會必定大有用處！不僅孩子能真正認清自己的方向與定位，畢業後能真正投入職場，更省了在艱困的大環境下，還等不及吃飽，就先得拱手還債和艱辛度日。

廣設大學造成大學人數大量增加，大學文憑可不再是工作保證，反倒讓孩子誤以為自己必定具備專業能力而無法屈就。爸爸媽媽們，真正愛孩子，就真得想清楚適合孩子的路！

人找不到事，事找不到人，學歷真無用?!

再來，還有一個非常矛盾的現象。

儘管頂著大學學歷者至少有五%找不到工作，但是業界卻疾呼有高達二十萬人的缺工。「人找不到事，事找不到人」的原因是什麼？答案就是產學落差：學校培育的人才與產業所需的人才不符。

我認為會造成這種現象的原因有：

一、技職教育走調。

過去技職教育的目的就是培養有實作能力的技術人才，學生畢業後就能立即上線，呼應業界的人力需求；但是現在高職辦學的目的也為了迎合市場，特別是家長的期望就是升學，和高中辦學的目的幾乎相同，高職的升學率已達八成，把很多時間都花費在升學之上，學生畢業後，不是先著眼於升學，就是操作能力根本不足。

比如，不少機械科系唸到碩博士了都還看不懂設計圖，電機系卻沒摸過馬達，這讓很多公司都找不到適用可靠的人才。

二、觀光餐飲設計過剩，工科縮減。

工科需要投入資金添購設備，學校基於成本考量，不願開設成本過高的科系，因此，近二十年新設立的大學，很少設立機械相關科系。比如，某科技公司開出月薪六萬給工程領域的博士生，甚至保障畢業後年薪一百五十萬，但卻找不到人才。

為了迎合現代學生大眾的口味，學校反而不斷增設設備門檻較低的餐飲觀光科系、設計科系等，但是這些領域人才早就供過於求，每年都有四分之三的餐飲科系學生會轉行，三分之二的觀光科系學生轉業。

三、科技時代來臨，教育趕不上產業創新需求。

網路科技、AI人工智慧時代來臨，但學校的教育計畫卻趕不上變化，所教授的內容與科技產業界的需求有落差，電算機人才、大數據人才與新型商業管理人才都不足。

放對位置，就是人才

關於「學歷貶值」、「學用落差」的問題，當然有待政府大刀闊斧讓績效不佳的大學陸續退場，並且要有計畫地把有實務經驗的老師引進技職領域，鼓勵有效能的產學合作。

但是，最重要的仍在於家長的觀念。這個世界絕不可能人人都喜歡研究學問、都適合念書，如果人人都是建中台清交，這個需要三百六十行才能撐起來的世界必定無法運轉。一張不怎麼漂亮的大學文憑更可能誤導年輕人自以為擁有高學歷，因此既無法屈就，但又拿不出實質的工作能力，而為了這張文憑，卻可能延誤了四年才開始探索自己、思考人生。

父母真的要張大眼睛好好認清自己的孩子，面對學業表現平凡、甚至落在後段的孩子，請用八字訣「接受、面對、處理、放下」來回應：真心「接受」孩子與生俱來的性向表現、誠實「面對」孩子真實的樣貌；然後針對孩子的特質，好好「處理」（或引導）他們對應到職業現實中可以發展一技之長的領域，並激勵他們持續努力、累積實力；最後，只有孩子找到自我生存的路徑，父母才可能「放下」心中的重擔。

「放對位置，就是菁英」，只要找到自己的路，願意持續裝備自己，最終都會發現，經歷與實力能完全戰勝學歷。

努力，會在最適當的時機開花結果

一位好友的孩子求學之路平步青雲，一路名校，但是畢了業之後的起薪也只比25k多上幾個k。她更爆料，不少同學的境遇也和她差不多，大家都覺得一路辛苦地拚成績、進名校，CP值實在太低。

「不管來自什麼學校，其實大家都差不多——差不多的『低』啊，那我當初那麼用功拚好學校到底是為什麼？」他無奈的問我。

在低薪困境中，難道年輕人就該放棄用功努力？我回答眼前優秀的年輕人：「你不能否認的是，正因為之前的努力，你才握有一張比別人更容易被看見的『大張門票』，不是嗎？而這一路走下來，你可能累積了連你自己都渾然不覺的扎實基礎，比如語言能力、邏輯分析能力、判斷力、專業知識等等，這些能讓你接下來走得更省力、更順、更穩！」

我再把孩子的眼光帶到二、三十年之後：「評判一個人成功與否，絕對不是現在，請試想一下五十歲的你會是什麼樣子？現在你的薪水是22k，但是一個人若堅持努力、持續成長，到四、五十歲時絕對不止於此！但若是徒有門票卻停滯不前，沒有門票的人也可能迎頭趕上，這差別就在於是否『持續裝備自己』！」

曾有項調查指出，企業界高階主管認為八年級社會新鮮人有很棒的優勢，如外語能力、數位能力和創新力；但是專業技能、團隊合作、抗壓力則較差，年輕人在抱怨低薪的同時，更需要謙卑自己，面對弱項。

大環境差，即使把慣老闆一一肉搜，也不可能逼他們大刀闊斧地提高薪資，不如面對現實，認份的從基層一步一步累積專業的技能，在團隊中讓自己具備圓熟的溝通技巧，增加彈性與抗壓性，更要有計畫的拓展人脈。最重要的是，不要自我設限，「跨領域人才」將會比別人更有競爭力。

再談考試：找到適者生存的法則，勇敢做自己定義的贏家

考試制度是不可能消失的，有評比，就會有贏家和輸家。
親愛的爸媽，讓我們都學會以最適切的方式陪著自己的寶貝，
在體制內摸索出最適切的生存法則，
勇敢地做自己定義的贏家！

這本書我一開頭就從考試談起，最後我再回來談談這個學生永遠必須面對的——考試。

填鴨式教育大翻轉

走筆至此，適逢咱家二小子考完國中會考，我看到各大媒體對這次會考考題的評價都是「難易適中」，有些科目的評價甚至是「中等偏易」，於是好奇地翻看各科考題，一看才發現，我覺得科科都不容易啊，但為什麼教育界、媒體、補教界都一致認為考題簡單適中？

不少題幹的文字敘述相當冗長，考驗著學生的閱讀速度、耐性與理解力；而每一個題目都是一個活生生的生活情境，在在需要考生冷靜閱讀、分析資訊的能力，將所學原理適切地運用在真實的生活情境中。

這和三十多年前我的高中聯考經驗大不相同。過去我們的考題多半平鋪直敘，每一題的敘述不超過三行，不少內容是評量我們有沒有將課本的資訊牢牢記住。我還記得以前的考題甚至有敘述和課本上分毫不差的填充題，然後空出關鍵的資訊讓考生填寫，因此考生的努力方向很單純，就是一遍又一遍的背誦，能記得愈牢，分數就能拿得愈高，所以用填鴨式的教育就能硬逼出高分菁英。

在過去資訊缺乏的時代，資訊和知識，本身就是價值，因此，成功的教育，就是儘可能讓孩子吸滿各式各樣的知識；菁英分子，就是大腦如海綿般比別人裝下更飽、更滿的各類資訊；考試的目的，就是測試孩子是否將知識塞進了大腦。

然而，在這個資訊爆炸的時代，資訊不僅人人可以取得，而且增加的速度根本是人腦無法追趕的。如何在龐雜的資訊流裡將之判讀與分析，並轉化成可以實際運用的知識與技能，才是評量的重點。

越來越活用的命題方式

在體制內，學校為求生存，在各方壓力之下實難擺脫「為考試而教、為分數而戰」的現實。然而，現在的大考一年比一年更加體現「十二年國教新課綱」的實作精神，這勢必將強烈地刺激仍以「舊思維」教學的各教學現場，不得不去思考如何改弦更張以調整教學的方向、教學的方法。

就我個人的觀察，以下是近年來考試命題的趨向：

- **貼近真實生活情境，評量解決生活問題的能力。**

近年來考題的設計都傾向取材自生活情境，考驗著孩子如何處理生活中的真實問題。

比如今年國中會考首次出現以「三格漫畫」來敘述買飲料的代數推理題、用「村長的選舉情境」來考「代數問題」、以電車車廂的相遇考「機率問題」、用籃球隊員的身高來考「統計問題」、用超商買棒棒糖的情境來考「不等式」。所有題目絕不含繁複的計算，但情境的設計都是一般人的真實生活，考生要能夠清楚判斷需要應用什麼原理來做為解題依據，這考驗著學生「解決問題」的能力。

此外，近年來也出現**愈來愈多動手操作、實驗類型的考題**，雖然是紙筆測驗，但卻是描述「動態操作」的情境，考生要能夠在腦海裡建構出具體的畫面，或是根據敘述，在紙上建構實驗的過程，才可能解決問題。

比如今年國中會考的數學選擇題就考了三、四題的「動態操作題」，如從摺紙、搬動的過程來出考題，體現「動手做」的精神。

- **快速掌握重點與圖像式閱讀**。

根據台師大心測中心的統計，國中會考的國文、數學、英語、社會、自然五科題本加起來的總字數約達三萬字，每一科考題的題幹敘述都不短，考生不僅要有耐性讀完題目，並且必須在短時間之內快速讀懂題目，立即抓到重點、找到脈絡。

而在圖像化的時代，還特別需要學生具備分析圖表的能力，因此現在的大考，圖表題都佔了一半以上。國中會考甚至連作文的命題都出現以圖表來呈現，比如作文題目「在這樣的傳統習俗裡，我看見……」，就要考生先閱讀一個有關傳統習俗的圖表，才可能釐清題旨，進一步論述自己的所見所聞與觀感。

● 著重跨領域與整合的能力。

從這幾年大考可以看出，每一領域的考題不再僅限於「單科」或是「單一觀念」，而是加入了跨領域、整合相關概念的綜合性考題。比如在國文裡出現了科普與數理的內容，而數理考題卻考驗著人文的素養。

像是國文有一道題目是：「天底下沒有一個人從不羨慕別人，只有少數人從沒被別人羨慕過」，要考生選出最適合代表這句話的統計圖表，就是考驗學生「文轉圖」、將「感性描述」轉為「理性表述」的能力。

雖然出題的方向與考題的設計不斷演進，但為求公平，請認清一個不變的現實：考試制度是不可能消失的。有評比，就有高下，有高下，就有贏家和輸家！親愛的爸媽，讀完此書，讓我們都能學會以最適切的方式陪著自己的寶貝，在體制內摸索出最適切的生存法則，勇敢做自己定義的贏家！

從「背不動的書包」，到「帶著走的能力」

從大考命題的趨勢，我們可以看到在跌跌撞撞中進行的教改一直有一個非常清楚的核心目標，就是培養孩子自主學習、思辨分析與解決問題等「帶著走的能力」，而非堆積滿腹知識的「背不動的書包」。

到底考試能不能評定出學生真正的能力？以目前命題的變革，似乎能看出大考期盼能真正發揮評選「有用能力」的企圖心。

既然考試是一個不變的存在，我們就要努力讓考試成為有效的評選，有用的機制，減少學生浪費寶貴時光於瑣碎的知識記憶或重複練習，讓他們走過的考試之路儘量成為值得的投資。試怎麼考，題怎麼出，根據世界需要的人才，勢必會一年接一年的不斷變革。

如今，互聯網、大數據、人工智慧、機器人等新知識一波又一波，變化相當快速，有太多能力是「傳統紙筆測驗」根本無法測知的。因此，未來大學的招考方案已經定案，五十%的成績要以學生的學習歷程為依據，這包含了學生的在校成績、選修表現、社團經驗、幹部歷練、相關領域的學習經驗等，這些能力反映出一個人在學術追求之外的各項能力表現：如對相關領域的追求熱忱、溝通能力、互助合作能力、領導力、數位能力、科技能力、口語表達能力、創造力等，而這些能力是更具決定性的競爭力！

我的孩子都不屬於頂尖的學術菁英，都在體制內一路跌跌撞撞，但我告訴自己，我有責任先站穩腳步，領著他們拿出勇氣，正面迎向考試制度，以磨練出扎實的學習態度，但我和千千萬萬的父母一樣，還有更重要的責任——**不斷提醒自己要「看到分數以外的孩子」**！

雖然沒人能擺脫分數的桎梏，但若是「只在乎成績」、「只亮得出分數」，在未來升學機制中絕對不是優等生存者。有遠見的父母，請運用智慧看到「比分數更重要的事」！

教養生活046

誰說分數不重要？

體制內教育的求生術，幫孩子找到分數背後的自己

作　者─彭菊仙
主　編─李宜芬
責任編輯─郭香君
執行企劃─張燕宜
封面設計、插畫、內頁版型設計─日日設計　黃宏穎

董事長─趙政岷
出版者─時報文化出版企業股份有限公司
108019台北市和平西路三段二四〇號四樓
發行專線─（〇二）二三〇六─六八四二
讀者服務專線─〇八〇〇─二三一─七〇五
（〇二）二三〇四─七一〇三
讀者服務傳真─（〇二）二三〇四─六八五八
郵撥─一九三四四七二四時報文化出版公司
信箱─一〇八九九臺北華江橋郵局第九九信箱
時報悅讀網─http://www.readingtimes.com.tw
法律顧問─理律法律事務所　陳長文律師、李念祖律師
印　刷─紘億印刷有限公司
初版一刷─二〇一七年七月二十八日
初版十七刷─二〇二四年一月十九日
定　價─新台幣三二〇元
（缺頁或破損的書，請寄回更換）

誰說分數不重要？：體制內教育的求生術，幫孩子找到分數背後的自己 / 彭菊仙作. -- 初版. -- 臺北市：時報文化, 2017.07
面；　公分. --（教養生活；046）
ISBN 978-957-13-7080-4（平裝）

1.親職教育 2.子女教育

528.2　　106011862

ISBN 978-957-13-7080-4
Printed in Taiwan